Copyright© 2013 by Xinhui Zhu

All rights reserved
No part of this e-book may be reproduced, stored in a retrieval system, or transmitted by any means, electronic, mechanical, photocopying, recording, or otherwise, without written permission from the author

ISBN: 978-0-9892826-2-8

"There is only one language, the language of the heart"

~ Sri Sathya Sai Baba ~

CONTENTS

WHAT IS UNIVERSAL MIND? 4

WHY DO WE NEED TO LEARN WITH UNIVERSAL MIND? 4

HOW CAN WE CULTIVATE AND APPLY UNIVERSAL MIND IN LEARNING? 4

ABOUT THE TEXTBOOKS 5

MEDITATION INSTRUCTION 6

LESSON 25	We Went With A Travel Agency	7
LESSON 26	Spring Festival Will Be Here Soon	18
LESSON 27	Hope The Weather's Good Tomorrow	29
LESSON 28	Take Us To The Hospital	38
LESSON 29	Recently I Haven't Been Feeling Too Good	49
LESSON 30	How Hasn't The Elevator Come Down Yet?	58
LESSON 31	We're Going To Have a Family Get-Together	68
LESSON 32	Making An Appointment By Phone	77
LESSON 33	When Things Don't Work	88
LESSON 34	Opening a Bank Account	96
LESSON 35	Looking For a Job	105
LESSON 36	My Hobbies	114
LESSON 37	First Meeting	123
LESSON 38	What's Today's Exchange Rate?	135
LESSON 39	At a Wedding	146

TIPS FOR LEARNING CHINESE 156

ABOUT AUTHORS 157

Chakra Illustration 158

WHAT IS UNIVERSAL MIND?

Contrast to the physical world where we can perceive with our 5 normal senses, we also live in the aether world where the invisible substances permeate the whole universe. The manifest and the unmanifest are held and interwoven together by the same Supreme Intelligence or Spirit, some call it Universal Mind, some call it God. The nature of Universal Mind is Omnipresent, it's around us, and it's within us. It is beyond any language, beyond any country border and beyond any individual body. It is no separation, it is Oneness! And overall Universal Mind is unconditional love!

"I am the source of all spiritual and material worlds. Everything emanates from Me"
- from Bhgavad Gita

WHY DO WE NEED TO LEARN WITH UNIVERSAL MIND?

Human beings are spiritual beings, we come from the same creation source, born into the material world, growing up with different social identities, speaking different languages. However our hearts and minds always speak similar stories. We are one at the core.

The purpose of learning a language is to understand and communicate with other human beings. According to the most accepted theory, only 7% of human communication is accomplished by verbal language. All the rest relies on our body languages and the tonality which are reflections of our inner world. So what do we really want to say, what do we really want other people to understand? Speak our heart, speak our inner world would make communication much straight forward and easier! This would require us to connect with our Source, the Universal Mind, cultivating our spirituality. When we truly connect to our Source, our consciousness would expand, the world would become more comprehensible, and we would understand other beings much easier, then not only communication with other people becomes much easier, but life would become much easier for us to live, we would have a much happier, healthier and more abundant life on earth.

HOW CAN WE CULTIVATE AND APPLY UNIVERSAL MIND IN LEARNING?

Apart from normal language learning methods, meditation, visualization and affirmations are powerful tools to help us purify our minds, focus our concentration and maximize our learning outcomes. Meditation is the tool to activate and grow our spirituality, and help us connect to the Source. It can be done any time, anywhere. Meditation is part of all spiritual practices.

Spiritual practice can be applied and integrated into our daily life, not as separated as people normally treat them. A 30 minute's meditation each day can be as effective as 30 hours' or more work done. Here at LearnWithUniversalMind.com, a series of meditation plus visualization and affirmations are integrated to the learning process from entrance level through advanced levels. For an ultimate learning outcomes, please make sure to follow the language learning plans as well as the meditation instructions.

ABOUT THE TEXTBOOKS

Learn With Universal Mind Chinese textbooks are designed for adults who want to learn Mandarin Chinese. It comprises 3 parts from Entrance to Advance levels: Introductory Chinese (Entrance), Daily Chinese (Level 1-4) and Elite Chinese (Level 5-7).

Introductory Chinese is for learners who has no previous knowledge of the language and is designed for a general understanding about the language and a quick learn of some useful phrases.

Daily Chinese is conversational dialogues covering various everyday life and work topics. The 4 levels are Daily Connection, Daily Contemplation, Daily Compliance and Daily Comfort.

Elite Chinese has different writing styles of texts covering all kinds of interesting topics. The published 2 levels are Elite Engagement and Elite Enlightenment.

There is a full set of online interactive lessons to match the textbooks, you can access them for free at www.learnwithuniversalmind.com, through the online access you can also reach teachers, other learners, language partners to learn and practice the language. It's totally free.

MEDITATION INSTRUCTION

Please follow the steps each time when you start your learning session (with teacher or by yourself):

10 minutes meditation

Each time at the beginning of your study session. Observe it till you finish the whole level

(sit on your chair or on the floor comfortably with your back straight)

Steps
- Close your eyes, make 3 deep breaths (inhale from your nose and exhale from your mouth)

- One by one visualize and breathe in the colors **Yellow**, **Green**, **Light Blue** - while you visualize a color, breathe the color deep into the base of your spine, breathe out

- Visualize a crystal ball with shimmering white light glowing at your heart, then it becomes a ray of golden white lights moving slowly upwards through your throat chakra, again upward behind your third eye, and then upward at your crown chakra; when it gets at your crown, it starts spinning downwards through your third eye, your throat, your heart, your solar plexus, your abdomen and your base chakra; then it's spinning up and down, up and down, cleaning all your chakras till you feel all your chakras cleansed, then slow down and bring your focus on your heart chakra

- now affirm: I am open, I am receptive, I am ready to learn Chinese, I want to speak Chinese well; I want to be or to do _____ (whatever you want to be, or to do)

- Now visualize you are a child, you are learning Chinese in a classroom where there are a lot of toys with ease and fun; then visualize the scene in which you already become who you want to be or what you want to do (such as a diplomat or a businessman to China, travel to China speaking to the people there, a star singing Chinese songs etc), then slowly come back to the same classroom where you were learning Chinese

- Now slowly bring yourself back, focusing on your heart chakra, feeling the happiness as in the visualized scenes, then make 3 deep breaths again. Open your eyes

LESSON 25   WE WENT WITH A TRAVEL AGENCY

25.1. Summary
Structures and functions

1. '是 shì' + (adv.) V. + O. + '的 de'
   For example: Nǐ shì zěnme zhīdào tāmen de?
                  Wǒ shì zài zázhìshang kàndào de.

2. Using '了 le' after a verb for future actions

3. Using '了 le … 了 le' for past actions

Phrases with '用 yòng …'

4. Phrases with '在 zài … 上/里 shàng/lǐ' meaning 'on/in …'

5. Phrases with '包括 bāokuò …'

6. Phrases with '中的 zhōng de …'

7. Listing things using '有 yǒu … 还有 hái yǒu …'

8. Phrases with '特别 tèbié …'

Vocabulary

diànyǐng	电影	movie
míngzi	名字	name
dǎoyóu	导游	tour guide
gàosu	告诉	to tell
huángjiā	皇家	imperial family
huāyuán	花园	(flower) garden
yuánlín	园林	garden; park
lǚxíngshè	旅行社	travel agency
shān	山	mountain; hill
quán	泉	spring; stream
gǔdiǎn	古典	classical
jiànzhù	建筑	architecture; building
gòu	够	enough
tèbié	特别	special; especially
yǐqián	以前	previously; before
huángdì	皇帝	emperor
bāokuò	包括	including
ménpiào	门票	entrance ticket
zázhì	杂志	magazine
ránhòu	然后	and then; after that

25.2. Warm-up
- Key language points from the last few lessons
- Say how you came to the school and how you spent last weekend

25.3. Intensive practice

1. Using '是 shì …的 de' to say how, when, where etc.

Teacher
你们是怎么去的
Nǐmen shì zěnme qù de?

Student
我们是坐火车去的.
Wǒmen shì zuò huǒchē qù de.

你们是怎么来的?	我们是坐飞机来的.
Nǐmen shì zěnme lái de?	Wǒmen shì zuò fēijī lái de.
你是什么时候到的?	我是今天下午两点到的
Nǐmen shì shénme shíhou dào de?	Wǒmen shì jīntiān xiàwǔ liǎng diǎn dào de.
你是在哪儿买的?	我是在香港买的
Nǐ shì zài nǎr mǎi de?	Wǒ shì zài Xiānggǎng mǎi de
你是什么时候开始学的?	我是去年夏天开始学的
Nǐ shì shénme shíhou kāishǐ xué de?	Wǒ shì qùnián xiàtian kāishǐ xué de.
你们是跟谁去的?	我们是跟旅行社去的
Nǐmen shì gēn shuí qù de?	Wǒmen shì gēn lǚxíngshè qù de.
你们是怎么去承德的?	我们是坐火车去的.
Nǐmen shì zěnme qù Chéngdé de?	Wǒmen shì zuò huǒchē qù de.
你们是怎么来北京的?	我们是坐飞机来的.
Nǐmen shì zěnme lái Běijīng de?	Wǒmen shì zuò fēijī lái de.
你是什么时候到上海的?	我是今天下午两点到的
Nǐmen shì shénme shíhou dào Shànghǎi de?	Wǒmen shì jīntiān xiàwǔ liǎng diǎn dào de
你是在哪儿买的衣服?	我是在香港买的
Nǐ shì zài nǎr mǎi de yīfu?	Wǒ shì zài Xiānggǎng mǎi de
你是什么时候开始学的中文?	我是去年夏天开始学的
Nǐ shì shénme shíhou kāishǐ xué de Zhōngwén?	Wǒ shì qùnián xiàtian kāishǐ xué de.
你们是跟谁去承德的?	我们是跟旅行社去的
Nǐmen shì gēn shuí qù Chéngdé de?	Wǒmen shì gēn lǚxíngshè qù de.

2. Using '了 le' after a verb for future actions

Teacher

下课, 去找你
xiàkè, qù zhǎo nǐ

下班, 去你家
xiàbān, qù nǐ jiā

下飞机, 去办公室
xià fēijī, qù bàngōngshì

下课, 告诉你
xiàkè, gàosu nǐ

Student

下了课, 我去找你
Xiàle kè, wǒ qù zhǎo nǐ.

下了班, 我去你家
Xiàle bān, wǒ qù nǐ jiā

下了飞机, 我去办公室
Xiàle fēijī, wǒ qù bàngōngshì

下了课, 我告诉你
Xiàle kè, wǒ gàosu nǐ

下车, 给你打电话
xiàchē, gěi nǐ dǎ diànhuà

下了车, 我给你打电话
Xiàle chē, wǒ gěi nǐ dǎ diànhuà

3. Using '了 le ..., 了 le' for past actions

Teacher	Student
下课, 去找你 xiàkè, qù zhǎo nǐ	下了课, 他去找你了 Xià le kè, tā qù zhǎo nǐ le.
下班, 去你家 xiàbān, qù nǐ jiā	下了班, 他去你家了 Xiàle bān, tā qù nǐ jiā le
下飞机, 去办公室 xià fēijī, qù bàngōng shì	下了飞机, 他去办公室了 Xiàle fēijī, tā qù bàngōng shì le
下课, 回家 xiàkè, huíjiā	下了课, 他回家了 Xiàle kè, tā huíjiā le
吃饭, 出去 chīfàn, chūqu	吃了饭, 他出去了 Chīle fàn, tā chūqu le

4. Introducing '用 yòng ...' meaning 'with ...'

yòng Yīngwén shuō   bú yòng Yìdàlì yǔ shuō
yòng Zhōngwén shuō   bú yòng Xībānyá yǔ gàosu nǐ
yòng Yīngwén gàosu nǐ   bú yòng chāzi chī
yòng Zhōngwén gàosu nǐ
yòng Zhōngguó dàmǐ zuò
yòng kuàizi chī

5. Phrases with '用 yòng ...'

Teacher	Student A	Student B	Student C
说, 用英文 shuō, yòng Yīngwén	用英文说 yòng Yīngwén shuō	我用英文说 Wǒ yòng Yīngwén shuō	我用英文说,可以吗? Wǒ yòng Yīngwén shuō kěyǐ ma?
告诉你, 用英文 gàosu nǐ, yòng Yīngwén	用英文告诉你 yòng Yīngwén gàosu nǐ	我用英文告诉你 Wǒ yòng Yīngwén gàosu nǐ	我用英文告诉你,可以吗? Wǒ yòng Yīngwén gàosu nǐ, kěyǐ ma?
做, 用中国大米 zuò, yòng Zhōngguó dàmǐ	用中国大米做 yòng Zhōngguó dàmǐ zuò	我用中国大米做 Wǒ yòng Zhōngguó dàmǐ zuò	我用中国大米做,怎么样? Wǒ yòng Zhōngguó dàmǐ zuò, zěnmeyàng?

zuò, yòng Zhōngguó dàmǐ	yòng Zhōngguó dàmǐ zuò	Wǒ yòng Zhōngguó dàmǐ zuò	Wǒ yòng Zhōngguó dàmǐ zuò, zěnmeyàng?
吃, 用筷子 chī, yòng kuàizi	用筷子吃 yòng kuàizi chī	我用筷子吃 Wǒ yòng kuàizi chī	我用筷子吃, 可以吗? Wǒ yòng kuàizi chī, kěyǐ ma?

6. Phrases with '在 zài … 上/里 shàng/lǐ' meaning 'on/in …'

zài zázhìshang   zài chēshang   zài jiàoshìli
zài shūshang   zài fēijīshang   zài héli
zài bàozhǐshang   zài lùshang   zài bāoli

7. Phrases with '包括 bāokuò …'

bāokuò chī, zhù hé ménpiào
bāokuò tīng, shuō hé xiě
bāokuò nǐ, wǒ hé Xiǎowáng
bāokuò Yīngguó, Měiguó, Fǎguó, Éguó hé Zhōngguó

8. Phrases with '中的 zhōng de …'

四个花园中的一个
Sìge huāyuán zhōng de yígè

三个孩子中的一个
Sānge háizi zhōng de yígè

他们中的一个
Tāmen zhōng de yígè

两个人中的一个
Liǎngge rén zhōng de yígè

三件衣服中的一件
Sānjiàn yīfu zhōng de yíjiàn

我们中的一个
Wǒmen zhōng de yígè

9. Asking and answering questions with '… 是 shì … 的 de'

Teacher   **Student**

我是上星期来北京的	我是上星期来北京的
Wǒ shì shàng xīngqī lái Běijīng de	Wǒ shì shàng xīngqī lái Běijīng de
你, 哪天	你是哪天来北京的?
Nǐ, nǎtiān	Nǐ shì nǎtiān lái Běijīng de?
我, 上星期二	我是上星期二来北京的.
wǒ, shàng xīngqī'èr	Wǒ shì shàng xīngqī'èr lái Běijīng de.
你哥哥, 几点	你哥哥是几点来北京的?
nǐ gēge, jǐdiǎn	Nǐ gēge shì jǐ diǎn lái Běijīng de?
我哥哥, 早上八点半	我哥哥是早上八点半来北京的
wǒgēge, zǎoshang bā diǎn bàn	Wǒ gēge shì zhǎoshang bā diǎn bàn lái Běijīng de.
去上海	我哥哥是早上八点半去上海的
qù Shànghǎi	Wǒ gēge shì zǎoshang bā diǎn bàn qù Shànghǎi de
她 什么时候	她是什么时候去上海的?
tā, shénme shíhòu	Tā shì shénme shíhòu qù Shànghǎi de?
他, 走	他是什么时候走的?
tā, zǒu	Tā shì shénme shíhòu zǒu de?
和谁一起	他是和谁一起走的?
hé shuí yìqǐ	Tā shì hé shuí yìqǐ zǒu de?
和朋友一起 来	他是和朋友一起来的.
hé péngyou yìqǐ lái	Tā shì hé péngyou yìqǐ lái de.
我, 学中文	我是和朋友一起学的中文.
wǒ, xué Zhōngwén	Wǒ shì hé péngyou yìqǐ xué Zhōngwén de.
你, 怎么学	你是怎么学的中文?
nǐ, zěnme xué	Nǐ shì zěnme xué de Zhōngwén?
在哪儿	你是在哪儿学的中文?
zài nǎr	Nǐ shì zài nǎr xué de zhōngwén?
我, 在北京	我是在北京学的中文.
wǒ, zài Běijīng	Wǒ shì zài Běijīng xué de zhōngwén.

10. Listing things using '有 yǒu … 还有 hái yǒu …'

有山, 有水, 还有 中国古典建筑
Yǒu shān, yǒu shuǐ, hái yǒu Zhōngguó gúdiǎn jiànzhù

有吃的, 喝的, 还有 卡拉 OK
Yǒu chīde, yǒu hēde, hái yǒu Kǎlā OK

有哥哥,有弟弟,还有 妹妹
Yǒu gēge, yǒu dìdi, hái yǒu mèimei

有红的, 有蓝的, 还有 粉的
Yǒu hóngde, yǒu lánde, hái yǒu fěnde

有朋友, 有同事, 还有 老师
Yǒu péngyou, yǒu tóngshì, hǎi yǒu lǎoshī

有学校,有公园, 还有 银行
Yǒu xuéxiào, yǒu gōngyuán, hái yǒu yínháng

11. Phrases with '特别 tèbié ...'

Teacher	Student
去 、三、四个旅游点, 人真多. qù, sān, sìge lǔyóu diǎn, rén zhēn duō	我们去了三、四个旅游点, 特别是最后一个, 人真 多. Wǒmen qù le sān, sìge lǔyóu diǎn, tèbié shì zuìhòu yíge, rén zhēn duō
学, 四、五课书, 我很喜欢 xuéle sì, wǔkè shū, wǒ hěn xǐhuan	我们学了四、五课书, 特别是最后一课, 我很喜欢 Wǒmen xuéle sì, wǔkè shū, tèbié shì zuìhòu yíkè, wǒ hěn xǐhuan
走, 七、八天, 很累 zǒu, qī, bātiān, hěn lèi	我们走了七、八天, 特别是最后一天, 很累 Wǒmen zǒu le qī, bātiān, tèbié shì zuìhòu yítiān, hěn lèi
在上海住, 五、六个月, 很高兴 zài Shànghǎi zhùle wǔ, liùge yuè, hěn gāoxìng	我们在上海住了五、六个月, 特别是最后一个月, 我们很高兴 Wǒmen zài Shànghǎi zhùle wǔ, liùge yuè, tèbié shì zuìhòu yíge yuè, wǒmen hěn gāoxìng

12. Fluency checkpoint (answer questions)

你是什么时候去 (来) 中国的? Nǐ shì shénme shíhòu qù (lái) Zhōngguó de?
你是怎么学的中文? Nǐ shì zěnme xué de zhōngwén?
你是在哪儿学的中文? Nǐ shì zài nǎr xué de zhōngwén?
你是在哪儿买的啤酒? Nǐ shì zài nǎr mǎi de píjiǔ?
你是来做什么的? Nǐ shì lái zuò shénme de?
Now make up two more sentences about yourself

我是… 的. Wǒ shì… de.
我是… 的. Wǒ shì… de.

25.4. Dialogue

老师: 上周末你们做什么了?
Lǎoshī: Shàng zhōumò nǐmen zuò shénme le?

麦克: 周五晚上我和太太去看电影, 看完电影我们去吃饭.
Màikè: Zhōuwǔ wǎnshang wǒ hé tàitai qù kàn diànyǐng, kànwán diànyǐng wǒmen qù chīfàn.

苏珊: 那个电影怎么样? 叫什么名字?
Sūshān: Nàge diànyǐng zěnmeyàng? Jiào shénme míngzi?

麦克: 我的中文还不太好, 下了课我用英文告诉你.
Màikè: Wǒ de Zhōngwén hái bú tài hǎo, xiàle kè wǒ yòng Yīngwén gàosu nǐ.

老师: 苏珊, 你去哪儿了?
Lǎoshī: Sūshān, nǐ qù nǎr le?

苏珊: 星期六早上我和先生去承德避暑山庄了. 我们在那儿住了一夜第二天下午回来的.
Sūshān: Xīngqīliù zǎoshang wǒ hé xiānsheng qù Chéngdé Bìshǔ Shānzhuāng le. Wǒmen zài nàr zhùle yīyè, dì'èr tiān xiàwǔ huílai de.

安竹: 你们是怎么去的? 那儿好玩儿吗?
Ānzhú: Nǐmen shì zěnme qù de? Nàr hǎowánr ma?

苏珊: 太好玩儿了. 导游告诉我们, 中国有四大皇家花园, 他们叫园林. 避暑山庄是四大花园中的一个.
Sūshān: Tài hǎowánr le. Dǎoyóu gàosu wǒmen, Zhōngguó yǒu sìdà huángjiā huāyuán, tāmen jiào yuánlín. Bìshǔ Shānzhuāng shì sìdà huāyuán zhōng de yígè.

麦克: 等等, 等等! 你说什么? 还有导游?
Màikè: Děngdeng, děngdeng! Nǐ shuō shénme? Háiyǒu dǎoyóu?

苏珊: 对, 我们是跟旅行社去的. 这个地方真的很好: 有山, 有水. 是真山, 泉水, 还有中国古典式建筑.
Sūshān: Duì, wǒmen shì gēn lǚxíngshè qù de. Zhège dìfang zhēnde hěn hǎo: yǒu shān, yǒu shuǐ. Shì zhēn shān, quán shuǐ, hái yǒu Zhōngguó gǔdiǎnshì jiànzhù.

安竹: 两天的时间够吗?
Ānzhú: Liǎng tiān de shíjiān gòu ma?

苏珊: 够了. 我们去了三、四个旅游点儿, 特别是最后一个, 叫"坝上", 它是以前皇帝打猎的地方.
Sūshān: Gòule. Wǒmen qùle sān、sìge lǚyóu diǎnr, tèbié shì zuìhòu yíge, jiào 'Bàshàng', tā shì yǐqián huángdì dǎliè de dìfang.

麦克: 听起来很不错. 一个人需要多少钱?
Màikè: Tīngqǐlai hěn búcuò. Yíge rén xūyào duōshǎo qián?

苏珊: 不多, 几百块钱. 包括吃、住和门票.
Sūshān: Bù duō, jǐ bǎi kuài qián. Bāokuò chī, zhù hé ménpiào.

安竹: 你们是怎么找到旅行社的?
Ānzhú: Nǐmen shì zěnme zhǎodào lǚxíngshè de?

苏珊: 我们是在杂志上知道的, 就给他们打了电话.
Sūshān: Wǒmen shì zài zázhìshang zhīdào de, jiù gěi tāmen dǎle diànhuà.

安竹: 下周末我也想去.
Ānzhú: Xià zhōumò wǒ yě xiǎng qù.

麦克: 我可能也去.
Màikè: Wǒ kěnéng yě qù.

苏珊: 我先生有他们的电话, 下了课我给他打电话. 然后告诉你们.
Sūshān: Wǒ xiānsheng yǒu tāmen de diànhuà, xiàle kè wǒ gěi tā dǎ diànhuà, ránhòu gàosu nǐmen.

老师: 你们说的都很好. 现在下课.
Lǎoshī: Nǐmen shuō de dōu hěn hǎo. Xiànzài xiàkè.

Translation of dialogue

Teacher: What did you do last weekend?
Mike: Friday evening I went to see a movie with my wife. After that we went to eat.
Susan: How was the movie? What was it called?
Mike: My Chinese isn't so good yet; I'll tell you in English after the lesson.
Teacher: Where did you go, Susan?
Susan: Saturday morning my husband and I went to the Imperial Palace in Chengde. We stayed there one night and came back the following afternoon.
Anju: How did you get there? Was it fun?
Susan: It was great! The tour guide told us there are four large imperial gardens – the Chinese call them parks. This was one of the four parks.
Mike: Hold on, what did you say? You had a tour guide too?
Susan: Right. We went there with a travel agency. That place is really great: there are mountains and rivers – real mountains, with spring water – and Chinese classical architecture.
Anju: Were two days enough?
Susan: Yes. We went to three or four sites, particularly the last one, called 'Bàshàng'. That's where the emperors used to go hunting.
Mike: It sounds pretty good. How much does it cost per person?
Susan: Not much: a few hundred kuai, including meals, accommodation and entrance tickets.

Anju: How did you find the travel agency?
Susan: We read about it in a magzine.
Anju: Next weekend I'd like to go there too.
Mike: Maybe I will as well.
Susan: My husband has their telephone number. I'll call him after class, then I'll tell you.
Teacher: You all spoke really well. Now let's have a break.

25.5. Communicative and Visualization activities

1. Vocabulary

Visualize and project the image of the words and phrases one by one on the screen, meanwhile feel the meaning of it.

电影	diànyǐng	古典	gǔdiǎn
名字	míngzi	建筑	jiànzhù
导游	dǎoyóu	够	gòu
告诉	gàosu	特别	tèbié
皇家	huángjiā	以前	yǐqián
花园	huāyuán	皇帝	huángdì
园林	yuánlín	包括	bāokuò

旅行社	lǚxíngshè	门票	ménpiào
山	shān	杂志	zázhì
泉	quán	然后	ránhòu

2. Other communicative activities

- Ask and say how you came to school, spent last weekend, went to university, etc.
- Talk and ask about beautiful places you have visited in China
- Discuss a visit to a tourist spot, using the dialogue in the lesson as a model
- You're a guide for Chinese tourists to your own country; describe and guide them around a famous tourist spot

25.6. Songs and Games

- A game using a map of the world where you go to countries at random and pick a tourist spot to describe
- A song about a famous tourist spot in China

LESSON 26   SPRING FESTIVAL WILL BE HERE SOON

26.1. Summary
Structures and functions

1. Using '快要 kuài yào ... 了 le'
   For example: Chūnjié kuài yào dào le; Kuài yào xiàyǔ le.

2. Verb + 得 de + adjective with adverbial meaning
   For example: Xiěde kuài bu kuài? – Xiěde hěn kuài
                  Shuōde zěnmeyàng? – Shuōde hěn hǎo

3. Phrases with '(别的) 什么 (biéde) shénme'

4. Phrases with '定 dìng'

5. Talking about plans with '打算 dǎsuàn ... 过 guò ...?

6. Talking about how you spent your time with '过得 guò de ...'

7. Qualifying verb phrases with '的 de'

8. Using '每 měi ... 都 dōu' to say 'whenever ...'

Vocabulary

节日	jiérì	festival
放假	fàngjià	to have a holiday; to have a day off
决定	juédìng	to decide
怕	pà	to be afraid of; to fear
别的	biéde	other(s)
运来	yùnlái	to deliver (to)
来自	láizì	originating from
世界	shìjiè	world
各	gè	each
听起来	tīngqǐlai	It sounds (like)
好主意	hǎo zhǔyi	good idea
游泳	yóuyǒng	to swim
沙滩	shātān	(sandy) beach
热带	rèdài	the tropics; tropical
应该	yīnggāi	should
椰子	yēzi	coconut
火龙果	huǒlóngguǒ	starfruit
订	dìng	to reserve; to book
票	piào	ticket
举办	jǔbàn	to hold (a festival, etc.)
春节	Chūnjié	Chinese New Year (Spring Festival)
冰雕艺术节	Bīngdiāo yìshu jié	Ice Carving Festival
海南	Hǎinán	Hainan island

26.2. Warm-up
- Key language points from the last few lessons
- Say how you spent/are planning to spend Spring Festival or Christmas

26.3. Intensive practice

1. Saying what's about to happen using '快要 kuài yào … 了 le'

快要下雨了
Kuaì yào xiàyǔ le
快要吃饭了
Kuài yào chīfàn le
春节快要到了
Chūnjié kuài yào dào le
托马斯快要回国了
Tuōmǎsī kuài yào huíguó le
电影快要开始了
Diànyǐng kuài yào kāishǐ le
春天快要来了
Chūntiān kuài yào lái le
我们快要去上海工作了
Wǒmen kuài yào qù Shànghǎi gōngzuò le
我的孩子快要上学了
Wǒ de háizi kuài yào shàngxué le

2. Responses with '快要 kuài yào … 了 le'

Teacher

快要下雨了, 你能不能快点儿?
Kuaì yào xiàyǔ le, nǐ néng bu néng kuàidiǎnr?
快要吃饭了, 别看书了.
Kuài yào chīfàn le, bié kànshū le.
春节快要到了, 你打算怎么过?
Chūnjié kuài yào dào le, nǐ dǎsuàn zěnme guò?
托马斯快要回国了, 我们去看看他吧.
Tuōmǎsī kuài yào huíguó le, wǒmen qù kànkan tā ba?
电影快要开始了, 别说话了!
Diànyǐng kuài yào kāishǐ le, bié shuōhuà le!
我们快要去上海工作了.
Wǒmen kuài yào qù Shànghǎi gōngzuò le.

Student

好的, 我马上完.
Hǎode, wǒ mǎshàng wán.
好的, 我马上完.
Hǎode, wǒ mǎshàng wán.
我打算去南方旅游.
Wǒ dǎsuàn qù nánfāng lǚyóu.
好吧. 我们明天去.
Hǎoba. Wǒmen míngtiān qù.

对不起, 我们不说了.
Duìbuqǐ, wǒmen bù shuō le.
真的? 快要见到你们了, 真高兴!
Zhēnde? Kuài yào jiàndào nǐmen le, zhēn gāoxìng!

3. Verb + 得 de + adjective with adverbial meaning

雨下得 不大
Yǔ xiǎde bú dà

风刮得很 大
Fēng guāde hěn dà

你汉语学得 怎么样?
Nǐ Hànyǔ xuéde zěnmeyàng?

你女儿舞 跳得好不好?
Nǐ nǚer wǔ tiàode hǎobuhǎo?

会开得怎么 样?
Huì kāide zěnmeyàng?

这个女孩子歌 唱得不错
Zhège nǚ háizi gē chàngde búcuò

4. Various useful phrases

guàibudé   duī xuěrén
yìyán wéidìng   dǎ xuězhàng
yǒuyìsi   guā dà fēng
méi yǒuyìsi   xià dà yǔ
tīngqǐlai   xià dà xuě
tīngqǐlai búcuò   xià bīngbáo
kànshàngqu
kànshàngqu búcuò

5. Phrases with '(别的) 什么 (biéde) shénme'

shénme rén?   biéde shénme rén?
shénme dìfang?   biéde shénme dìfang?
shénme dōngxi?   biéde shénme dōngxi?
shénme shíjiān?   biéde shénme shíjiān?
shénme zhǔyi?   biéde shénme zhǔyi?

6. Phrases with '定 dìng'

dìng fēijī piào   dìng fángjiān
dìng huǒchē piào   dìng bàozhǐ
dìng yīnyuèhuì piào   dìng zuòwèi

dìng fàn

7. Talking about plans with '打算 dǎsuàn … 过 guò …?'

Teacher	Student A	Student B
新年, 去南方 Xīnnián, qù nánfāng	你打算怎么过新年? Nǐ dǎsuàn zěnme guò Xīnnián?	我打算去南方. Wǒ dǎsuàn qù nánfāng.
生日 请朋友来我家 shēngrì qǐng péngyou lái wǒ jiā	你打算怎么过生日? Nǐ dǎsuàn zěnme guò shēngrì?	我打算请朋友来我家 Wǒ dǎsuàn qǐng péngyou lái wǒ jiā
春节 在家过 Chūnjié zài jiā guò	你打算怎么过春节? Nǐ dǎsuàn zěnme guò Chūnjié?	我打算在家过 Wǒ dǎsuàn zài jiā guò
这周末 去看电影 zhè zhōumò qù kàn diànyǐng	你打算怎么过这周末? Nǐ dǎsuàn zěnme guò zhè zhōumò?	我打算去看电影 Wǒ dǎsuàn qù kàn diànyǐng
情人节 去一个好饭馆 Qíngrénjié qù yíge hǎo fànguǎn	你打算怎么过情人节? Nǐ dǎsuàn zěnme guò Qíngrénjié?	我打算去一个好饭馆 Wǒ dǎsuàn qù yíge hǎo fànguǎn
圣诞节 回英国 Shèngdànjié huí Yīngguó	你打算怎么过圣诞节? Nǐ dǎsuàn zěnme guò Shèngdànjié?	我打算回英国 Wǒ dǎsuàn huí Yīngguó

8. Talking about how you spent your time with '过得 guò de …'

Teacher	Student A	Student B
新年, 很好 Xīnnián, hěn hǎo	你新年过得怎么样? Nǐ Xīnnián guòde zěnmeyàng?	我新年过得很好. Wǒ Xīnnián guòde hěn hǎo.
生日, 高兴 shēngrì, gāoxìng	你生日过得怎么样? Nǐ shēngrì guòde zěnmeyàng?	我生日过得很高兴 Wǒ shēngrì guòde hěn gāoxìng
春节 不好 Chūnjié bù hǎo	你春节过得怎么样? Nǐ Chūnjié guòde zěnmeyàng?	我春节过得不好 Wǒ Chūnjié guòde bù hǎo
这周末 有意思 zhè zhōumò yǒuyìsi	这周末过得怎么样? Zhè zhōumò guòde zěnmeyàng?	这周末过得有意思 Zhè zhōumò guòde yǒuyìsi
情人节 快乐 Qíngrénjié kuàilè	你情人节过得怎么样? Nǐ Qíngrénjié guòde zěnmeyàng?	我情人节过得很快乐 Wǒ Qíngrénjié guòde hěn kuàilè
圣诞节 开心	你圣诞节过得怎么样?	我圣诞节过得很开心

Shèngdànjié kāixīn   Nǐ Shèngdànjié guòde zěnmeyàng?   Wǒ Shèngdànjié guòde hěn kāixīn

9. Qualifying verb phrases with '的 de'

地方
dìfang
打猎的地方
dǎliè de dìfang
皇帝打猎的地方
huángdì dǎliè de dìfang

鲜花
xiānhuā
运来的鲜花
yùnlai de xiānhuā
从世界各地运来的鲜花
cóng shìjiè gèdì yùnlai de xiānhuā

礼物
lǐwù
买的礼物
mǎi de lǐwù
给我买的礼物
gěi wǒ mǎi de lǐwù
他给我买的礼物
tā gěi wǒ měi de lǐwù

朋友
péngyou
认识的朋友
rènshi de péngyou
在上海认识的朋友
zài Shànghǎi rènshi de péngyou
我在上海认识的朋友
wǒ zài Shànghǎi rènshi de   péngyou

10. Phrases with '别的什么 biéde shénme'

Teacher	Student
你认识别的什么人吗?	你可以去找小王
Nǐ rènshi biéde shénme rén ma?	Nǐ kěyǐ qù zhǎo xiǎoWáng
你去过别的什么地方吗?	我也去过南方很多地方
Nǐ qùguo biéde shénme dìfang ma?	Wǒ yě qùguo nánfāng hěnduō dìfang
你买别的什么东西了吗?	我还给你买了一件衣服
Nǐ mǎi biéde shénme dōngxi le ma?	Wǒ hái gěi nǐ mǎile yíjiàn yīfu
你知道别的什么饭馆吗?	你可以去燕莎对面那个饭馆
Nǐ zhīdào biéde shénme fànguǎnr ma?	Nǐ kěyǐ qù Yànshā duìmiàn nàge fànguǎnr
我可以别的什么时间再来吗?	你可以下星期二再来
Wǒ kěyǐ biéde shénme shíjiān zài lái ma?	Nǐ kěyǐ xià xīngqīèr zài lái
你还想吃别的什么东西吗?	我还想吃冰淇淋
Nǐ hái xiǎng chī biéde shénme dōngxi ma?	Wǒ hái xiǎng chī bīngqílín

11. Using '每 měi …都 dōu' to say 'whenever …'

Teacher	Student
每次来中国我都去长城玩儿, 哪儿?	每次来中国你都去哪儿玩儿?
Měicì lái Zhōngguó wǒ dōu qù Chángchéng wánr, nǎr?	Měicì lái Zhōngguó nǐ dōu qù nǎr wánr?
每次过生日我都给他买礼物, 什么?	每次过生日你都给他买什么?
Měicì guò shēngrì wǒ dōu gěi tā mǎi lǐwù, shénme?	Měicì guò shēngrì nǐ dōu gěi tā mǎi shénme?
每天上学他都自己去, 怎么?	每天上学他都怎么去?
Měitiān shàngxué tā dōu zìjǐ qù, zěnme?	Měitiān shàngxué tā dōu zěnme qù?
每年放假他都去旅游, 吗?	每年放假他都去旅游吗?
Měinián fàngjià tā dōu qù lǚyóu, ma?	Měinián fàngjià tā dōu qù lǚyóu ma?
每次老板来我们都要开会, 做什么?	每次老板来你们都要做什么?
Měicì lǎobǎn lái wǒmen dōu yào kāihuì, zuò shénme?	Měicì lǎobǎn lái nǐmen dōu yào zuò shénme?
每次出差回来他都给我买礼物, 带什么?	每次出差回来他都给你带什么?
Měicì chūchāi huílai tā dōu gěi wǒ dài lǐwù, dài shénme?	Měicì chūchāi huílai tā dōu gěi nǐ dài shénme?

12. Fluency checkpoint *(Say how you spent the following festivals last year, and how you plan to next year)*

1. 新年 Xīnnián
2. 你的生日 Nǐ de shēngrì
3. 春节 Chūnjié
4. 情人节 Qíngrénjié
5. 圣诞节 Shèngdànjié

26.4. Dialogue

A: 春节快要到了, 你打算怎么过?
Chūnjié kuài yào dào le, nǐ dǎsuàn zěnme guò?

B: 春节是中国人最大的节日, 他们放很长的假, 大家都不工作, 所以我也打算出去玩儿.
Chūnjié shì Zhōngguó rén zuì dà de jiérì, tāmen fàng hěn cháng de jià, dàjiā dōu bù gōngzuò, suǒyǐ wǒ yě dǎ suàn chūqù wánr.

A: 你打算去哪儿?
Nǐ dǎsuàn qù nǎr?

B: 我还没决定呢.
Wǒ hái méi juédìng ne.

A: 我听说哈尔滨每年冬天都举办 '冰雕艺术节', 你想去吗?
Wǒ tīngshuō Hā'ěrbīn měinián dōngtiān dōu jǔbàn 'Bīngdiāo Yìshù Jié', nǐ xiǎng qù ma?

B: 听说那里很冷, 我有点儿怕冷. 你知道别的什么地方吗?
Tīngshuō nàlǐ hěn lěng, wǒ yóudiǎnr pà lěng. Nǐ zhīdào biéde shénme dìfang ma?

A: 你听说过吗? 广州每年春节都有花市. 来自世界各地运来的鲜花可漂亮了!
Nǐ tīngshuōguo ma? Guǎngzhōu měinián chūnjié dōu yǒu huāshì. Láizì shìjiè gèdì de xiānhuā kě piàoliàng le!

B: 听起来很不错, 你也想去吗?
Tīngqǐlai hěn búcuò, nǐ yě xiǎng qù ma?

A: 是的, 我正在找旅伴呢. 我们一起去吧!
Shìde, wǒ zhèng zài zhǎo lǚbàn ne. Wǒmen yìqǐ qù ba!

B: 好主意! 广州离海南不远, 看完花市我们再去海南, 怎么样?
Hǎo zhǔyi! Guǎngzhōu lí Hǎinán bù yuǎn, kànwan huāshì wǒmen zài qù Hǎinán, zěnmeyàng?

A: 好啊, 我们可以在那里游泳, 在沙滩上散步…
Hǎo ā, wǒmen kěyǐ zài nàlì yóuyǒng, zài shātānshang sànbu …

B: 还可以尝尝热带水果. 那里有什么热带水果?
   Hái kěyǐ chángchang rèdài shuǐguǒ. Nàlǐ yǒu shénme rèdài shuǐguǒ?

A: 我想应该有椰子、芒果、火龙果,还有 …
   Wǒ xiǎng yīnggāi yǒu yēzi, mángguǒ, huǒlóngguǒ, hái yǒu …

B: 快别说了, 我现在都想吃了!
   Kuài bié shuō le, wǒ xiànzài dōu xiǎng chī le!

A: 那我们明天就去订飞机票.
   Nà wǒmen míngtiān jiù qù dìng fēijī piào.

B: 好吧!
   Hǎoba!

Translation of dialogue

A: Spring Festival is coming soon. How do you plan to spend it?
B: Spring Festival is the biggest festival for the Chinese. They take a long holiday; so I planned to go somewhere on a trip.
A: Where do you plan to go?
B: I haven't decided yet.
A: I've heard that they hold an Ice-carving Exhibition in Harbin every winter. How about going there?
B: I hear it's very cold there; I'm a bit scared of the cold. Do you know any other places?
A: Have you heard about the Flower Fair in Guangzhou every Spring Festival? The colorful flowers and bonsai from every part of the world are brilliant!
B: That sounds really nice. Do you want to go there too?
A: Yes, I'm looking for a traveling companion. Why don't we go together ?
B: Good idea! Guangzhou isn't far from Hainan; how about going to Hainan after the Flower Fair?
A: Great! We can swim in the sea and take a walk on the beach.
B: And also try the tropical fruit. What kind of tropical fruit do they have there?
A: I think they should have coconuts, mango, starfruit, and …
B: Oh, stop talking about it! I want to eat them right now!
A: Then shall we go and book our air tickets tomorrow?
B: OK!

26.5. Communicative and Visualization activities

1. Vocabulary

Visualize and project the image of the words and phrases one by one on the screen, meanwhile feel the meaning of it.

jiérì	节日	yóuyǒng	游泳
fàngjià	放假	shātān	沙滩
juédìng	决定	rèdài	热带
pà	怕	yīnggāi	应该
biéde	别的	yēzi	椰子
yùnlái	运来	huǒlóngguǒ	火龙果
láizì	来自	dìng	订
shìjiè	世界	piào	票
gè	各	jǔbàn	举办
tīngqǐlai	听起来	Chūnjié	春节
hǎo zhǔyi	好主意	Bīngdiāo yìshu jié	冰雕艺术节
		Hǎinán	海南

2. Other communicative activities

- Talk and ask each other in detail about your last summer vacation
- Say and ask how to plan to spend the upcoming vacation
- Ask each other about famous places in China – what you've heard about them, whether you've been there, whether you'd like to go there, etc.

- Dialogues (role-plays) in which you book train and plane tickets

26.6. Songs and games

- A game in which students go around the table making longer and longer descriptive phrases
- A song about Spring Festival

LESSON 27   HOPE THE WEATHER'S GOOD TOMORROW

27.1. Summary

Structures and functions

1. '会 huì' + V. - O + de for assurance about the future
   For example: Tā huì lái de.
   Rúguǒ bú xiàyǔ, tiān huì hěn mēn de.

2. Using '要不 yàobù' (otherwise) + '会 … 的 huì … de'

3. '在 zài' + noun phrase + verb

4. Saying 'Don't do something at …' with '不要在 Bú yào zài …'

5. Using '要是 yàoshi' or '如果 rúguǒ' + '就 jiù'

6. Using '以前 yǐqián' with time expressions and verb phrases

Vocabulary

在 … 中	zài … zhōng	in the middle of …
左右	zuǒyòu	about; roughly
事	shì	matter, thing
几个	jǐge	several; a few

打	dǎ	to play
得	děi	must; have to
加班	jiābān	to do overtime (work)
换	huàn	to change
空儿	kòng	spare time
问	wèn	to ask
分钟	fēnzhōng	minute
以后	yǐhòu	later; after
没问题	méi wèntí	no problem
希望	xīwàng	hope; wish
阴天	yīntiān	cloudy day
要不	yàobu	otherwise (oral)
会.......的	huì … de	(it) might
但愿如此	dànyuàn rúcǐ	I hope so; Let's hope so
要是	yàoshi	if (spoken)
打网球	dǎ wǎngqiú	play tennis
打保龄球	dǎ báolíngqiú	go bowling
打篮球	dǎ lánqiú	play basketball
打排球	dǎ páiqiú	play volleyball
打高尔夫	dá gāo'érfū	play golf
踢足球	tī zúqiú	play football
骑马	qí mǎ	ride a horse
滑雪	huáxuě	ski
滑冰	huábīng	ice-skating
滑旱冰	huá hànbīng	roller-skating
游泳	yóuyǒng	swim

27.2. Warm-up

- Key language points from the last few lessons
- Say what you did/were doing just before the lesson
- Say how long it took to get to the lesson

27.3. Intensive practice

1. Introducing '会 huì … 的 de' to indicate certainty about the future

老板会告诉你的
Lǎobǎn huì gàosu nǐ de

等等, 他会来的
Děngdeng, tā huì lái de

你等我, 十分钟以后我会到的
Nǐ děng wǒ, shí fēnzhōng yǐhòu wǒ huì dào de

你的生日, 我会去的
Nǐ de shēngrì, wǒ huì qù de

我知道他不会来晚的
Wǒ zhīdào tā bú huì lái wǎn de

他不会告诉你的
Tā bú huì gàosu nǐ de

2. Talking about the future with '会 huì … 的 de'

Teacher	Student 1	Student 2
他来吗? Tā lái ma?	我想他会来的 Wǒ xiǎng tā huì lái de	我想他不会来的 Wǒ xiǎng tā bú huì lái de
他好了吗? Tā hǎole ma?	我想他会好的 Wǒ xiǎng tā huì hǎo de	我想他不会好的 Wǒ xiǎng tā bú huì hǎo de
我很想学好中文 Wǒ hěn xiǎng xuéhǎo Zhōngwén	我想你会学好中文的 Wǒ xiǎng nǐ huì xuéhǎo Zhōngwén de	我想你不会学好中文的 Wǒ xiǎng nǐ bú huì xuéhǎo Zhōngwén de
这个地方真难找 Zhège dìfāng hēn nánzhǎo	我想你会找到的 Wǒ xiǎng nǐ huì zhǎo dào de	我想你不会找到的 Wǒ xiǎng nǐ bú huì zhǎo dào de
今天的工作太多了 Jīntiān de gōngzuò tài duō le	我想你会做完的 Wǒ xiǎng nǐ huì zuòwán de	我想你不会做完的 Wǒ xiǎng nǐ bú huì zuòwán de
外面还在下雨 Wàimiàn hái zài xiàyǔ	我想雨会停的 Wǒ xiǎng yǔ huì tíng de	我想雨不会停的 Wǒ xiǎng yǔ bú huì tíng de

3. Using '要不 yàobù' (otherwise) + '会 ... 的 huì ... de'

Teacher	Student
希望明天是阴天, 天气很热 xīwàng míngtiān shì yīntiān, tiānqì hěn rè	希望明天是阴天, 要不天气会很热的 Xīwàng míngtiān shì yīntiān, yàobù tiānqì huì hěn rè de
你最好去找他, 他, 走 nǐ zuìhǎo qù zhǎo tā, tā, zǒu	希望你最好去找他, 要不他会走的 Xīwàng nǐ zuìhǎo qù zhǎo tā, yàobù, tā huì zǒu de
你最好别开快车, 出事 nǐ zuìhǎo bié kāi kuài chē, chūshì	希望你最好别开快车, 要不会出事的 Xīwàng nǐ zuìhǎo bié kāi kuài chē, yàobù huì chūshì de
希望你能来, 没有意思 xīwàng nǐ néng lái, méi yǒuyìsi	希望你能来, 要不会没有意思的 Xīwàng nǐ néng lái, yàobù huìméi yǒuyìsi de
希望别下大雪, 明天路, 不好走 xīwàng bié xià dàxuě, míngtiān lù, bù hǎozǒu	希望别下大雪, 要不明天路会不好走的 Xīwàng bié xià dàxuě, yàobù míngtiān lù huì bù hǎozǒu de
你最好给孩子买件礼物, 他, 不高兴 nǐ zuìhǎo gěi háizi mǎi jiàn lǐwù, tā, bù gāoxìng	希望你最好给孩子买件礼物, 要不他会不高兴的 Xīwàng nǐ zuìhǎo gěi háizi mǎi jiàn lǐwù, yàobù tā huì bù gāoxìng de

4. '在 zài' + noun phrase + verb

zài shātānshang sànbù
zài hǎili yóuyǒng
zài yǔzhōng sànbù
zài jiēshang kànjian tā
zài zhuōzishang shuìjiào

5. Saying 'Don't do something at …' with '不要在 Bú yào zài …'

bú yào zài dìshang tǔtán
bú yào zài zhuōzishang shuìjiào

bú yào zài yǔzhōng sànbù
bú yào zài bàngōngshìli chànggē

6. Using '要是 yàoshi' or '如果 rúguǒ' + '就 jiù'

Teacher   **Student**

要是你们能换个时间, 就好了
Yàoshi nǐmen néng huàn ge shíjiān, jiù hǎo le

要是他能来, 就好了
Yàoshi tā néng lái, jiù hǎo le

要是明天下雨, 我们就不去了
Yàoshi míngtiān xiàyǔ, wǒmen jiù bú qù le

要是我的汉语说得好一点儿, 就好了
Yàoshi wǒ de hànyǔ shuō de hǎo yidiǎnr, jiù hǎo le

要是你和我们一起去, 就好了
Yàoshi nǐ hé wǒmen yìqǐ qù, jiù hǎo le

要是我家再大一点儿, 就好了
Yàoshi wǒ jiā zài dà yìdiǎnr, jiù hǎo le

要是明天不加班, 就好了
Yàoshi míngtiān bù jiābān, jiù hǎo le

要是能再便宜点儿, 我就买了
Yàoshi néng zài piányi diǎnr, wǒ jiù mǎi le

如果你们能换个时间, 就好了
Rúguǒ nǐmen néng huàn ge shíjiān jiù

如果他能来, 就好了
Rúguǒ tā néng lái, jiù hǎo le

如果明天下雨, 我们就不去了
Rúguǒ míngtiān xiàyǔ, wǒmen jiù bú qù le

如果我的汉语说得好一点儿, 就好了
Rúguǒ wǒ de hànyǔ shuō de hǎo yidiǎnr, jiù hǎo le

如果你和我们一起去, 就好了
Rúguǒ nǐ hé wǒmen yìqǐ qù, jiù hǎo le

如果我家再大一点儿, 就好了
Rúguǒ wǒ jiā zài dà yìdiǎnr, jiù hǎo le

如果明天不加班, 就好了
Rúguǒ míngtiān bù jiābān, jiù hǎo le

如果能再便宜点儿, 我就买了
Rúguǒ néng zài piányi diǎnr, wǒ jiù mǎi le

7. Statements with '以前 yǐqián' + time expressions

Teacher
两个月, 我刚到
liǎngge yuè, wǒ gāng dào

明天五点, 他能到
mīngtiān wǔdiǎn, tā néng dào

五年, 他来过中国
wǔ nián, tā láiguo Zhōngguó

半年, 我开始学中文
bàn nián, wǒ kāishǐ xué Zhōngwén

Student
两个月以前我刚到
Liǎngge yuè yǐqián wǒ gāng dào

明天五点以前他能到
Míngtiān wǔdiǎn yǐqián tā néng dào

五年以前他来过中国
Wǔ nián yǐqián tā láiguo Zhōngguó

半年以前我开始学中文
Bàn nián yǐqián wǒ kāishǐ xué Zhōngwén

8. Statements with '以前 yǐqián' + verb phrase

Teacher
他来中国, 还去过印度
tā lái Zhōngguó, hái qùguo Yìndù

Student
他来中国以前还去过印度
Tā lái Zhōngguó yǐqián hái qùguo Yìndù

她结婚, 一直在家住
tā jiēhūn, yìzhí zài jiā zhù

他来这儿工作, 已经认识他了
tā lái zhèr gōngzuò, yǐjīng rènshi tā le

我们决定, 先问问他
wǒmen juédìng, xiān wènwen tā

她结婚以前一直在家住
Tā jiēhūn yǐqián yìzhí zài jiā zhù

他来这儿工作以前已经认识他了
Tā lái zhèr gōngzuò yǐqián yǐjīng rènshi tā le

我们决定以前先问问他
Wǒmen juédìng yǐqián xiān wènwen tā

9. Fluency checkpoint *(translate into Chinese)*

In winter the weather in Harbin is very cold: the lowest temperature reaches minus forty-two degrees.
I don't like the spring in Beijing, because it's always windy.
I think fall is the best season in Beijing. The sky is blue, and the trees have different colors.
I like going traveling in the fall.
I hope it'll be a cloudy day, otherwise it'll be too hot to play tennis.
No wonder I haven't seen you for such a long time, you've been in the South.
Christmas is coming; how will you spend it?
Do you know any other places which sell this kind of fruit?
Shall we go and book our air-tickets tomorrow?
In winter the weather in Harbin is much colder than in Beijing.

27.4. Dialogue

A: 托马斯, 昨天晚上我给你打电话, 可是你不在. 你去哪儿了?
　　Tuōmǎsī, zuótiān wǎnshang wǒ gěi nǐ dǎ diànhuà, kěshi nǐ bú zài. Nǐ qù nǎr le?

B: 就在我家附近散步.
　　Jiù zài wǒ jiā fùjìn sànbù

A: 散步? 昨天晚上在下雨.
　　Sànbù? Zuótiān wǎnshang zài xiàyǔ.

B: 雨下得不大. 我喜欢在雨中散步. 你几点打的电话?
　　Yǔ xiàde bú dà. Wǒ xǐhuan zài yǔzhōng sànbù. Nǐ jǐ diǎn dǎ de diànhuà?

A: 九点左右.
　　Jiǔ diǎn zuǒyòu

B: 有什么事吗?
　　Yǒu shénme shì ma?

A: 这个周末我和几个朋友打算去打网球, 你想去吗?
　　Zhège zhōumò wǒ hé jǐge péngyou dǎsuàn qù dǎ wǎngqiú, nǐ xiǎng qù ma?

B: 我很想去, 可是我得加班. 要是你们能换个时间就好了. 下周末我有空儿.
Wǒ hěn xiǎng qù, kěshì wǒ děi jiābān. Yàoshì nǐmen néng huàn ge shíjiān jiù hǎo le. Xià zhōumò wǒ yǒu kòng.

A: 我问问我的朋友, 如果他们下星期有时间, 我们就下周末去. 十分钟以后, 我再给你打电话.
Wǒ wènwen wǒ de péngyou, rúguǒ tāmen xià xīngqī yǒu shíjiān, Wǒmen jiù xià zhōumò qù. Shí fēnzhōng yǐhòu, wǒ zài gěi nǐ dǎ diànhuà.

B: 好吧, 我等你的电话.
Hǎoba, wǒ děng nǐ de diànhuà.

……

A: 你好, 托马斯!
Nǐ hǎo, Tuōmǎsi!

B: 你好, 安竹! 怎么样?
Nǐ hǎo, Ānzhú! Zěnmeyàng?

A: 没问题, 她们说下周末可以.
Méi wèntí, tāmen shuō xià zhōumò kěyǐ.

B: 那太好了! 希望下周末是个好天气.
Nà tài hǎo le! Xīwàng xià zhōumò shì ge hǎo tiānqi

A: 我希望是阴天, 要不, 天气会很热的.
Wǒ xīwàng shì yīntiān, yàobu, tiānqi huì hěn rè de.

B: 但愿如此!
Dànyuàn rúcǐ!

Translation of dialogue
A: Hello Thomas, I called you last night, but you weren't in. Where did you go?
B: Not far; I just went for a walk near my house.
A: You went for a walk? But it was raining last night.
B: It wasn't raining heavily; I'm used to walking in the rain. When was it that you made the phone call?
A: About nine o'clock.
B: What was it about?
A: This weekend I and a few friends plan to play tennis. Would you like to join us?
B: I'd really like to, but I have to work overtime. It would be great if you could change it to another time. Next weekend I'm free.
A: I'll have to ask my friends. If they're free, then we go next weekend. I'll call you back in ten minutes.
B: OK. I'll wait for your call.

A: Hi, Thomas!
B: Hi, Anju! So how is it?
A: No problem; they said next week is OK.
B: That's great! I hope it's fine next weekend.
A: I hope it's cloudy, otherwise it'll be too hot.
B: Let's hope so!

27.5. Communicative and Visualization activities

1. Vocabulary

Visualize and project the image of the words and phrases one by one on the screen, meanwhile feel the meaning of it.

在…中	zài … zhōng	打网球	dǎ wǎngqiú
左右	zuǒyòu	打保龄球	dǎ báolíngqiú
事	shì	打篮球	dǎ lánqiú
几个	jǐge	打排球	dǎ páiqiú
打	dǎ	打高尔夫	dá gāo'érfū

得	děi	踢足球	tī zúqiú
加班	jiābān	骑马	qí mǎ
换	huàn	滑雪	huáxuě
空儿	kòng	滑冰	huábīng
问	wèn	滑旱冰	huá hànbīng
分钟	fēnzhōng	游泳	yóuyǒng
以后	yǐhòu	但愿如此	dànyuàn rúcǐ
没问题	méi wèntí	要是	yàoshi
希望	xīwàng	要不	yàobu
阴天	yīntiān	会...的	huì … de

2. Other communicative activities

- Talk about sports (name them, say whether you've ever played them or plan to do so, etc.)
- Ask each other what you were doing yesterday, one week ago, and one month ago
- Dialogues (role-plays) in which you invite each to play various sports (like the dialogue in this lesson)
- Create chains of questions and answers
- Make statements about what you can and would like to do

27.6. Songs and games

- Play a game based on a popular sport
- A song which uses a structure from this lesson

LESSON 28   TAKE US TO THE HOSPITAL

28.1. Summary

Structures and functions

1. '让 ràng' + somebody + V.- O (let/make somebody do something)
   For example: Ràng māma mōmo; ràng tā zǒu

2. Talking about pains ('我 wǒ ... 疼 téng')

3. '这么 zhème/那么 nàme + adjective

4. Talking about parts of the body

5. Doubled adjectives for vivid descriptions

6. Talking about certainties using '一定 yídìng'

7. Asking '谁知道? Shuí zhīdào?'

Vocabulary (general)

宝贝儿	bǎobèir	baby; darling
起床	qǐchuáng	to get up
舒服	shūfu	comfortable; feeling well

疼	téng	painful
发烧	fāshāo	to have a fever
让	ràng	to let; to make (someone do something)
摸	mō	to touch; to feel
烫	tàng	hot; burning
一定	yídìng	certainly
带	dài	to bring; to take away
医院	yīyuàn	hospital
派	pài	to send
接	jiē	to collect; to pick (someone) up
突然	tūrán	suddenly
原因	yuányīn	reason
着凉	zháoliáng	to have/catch a cold
打针	dǎzhēn	to give/have an injection
开药	kāiyào	to prescribe (medicine)
药	yào	medicine

Vocabulary (parts of the body)

头	tóu	head	脖子	bózi	neck
眼睛	yǎnjing	eye	肩膀	jiānbǎng	shoulder
眉毛	méimao	eyelash	胳膊	gēbo	arm
睫毛	jiémáo	eyebrow	胳膊肘	gēbozhǒu	elbow
鼻子	bízi	nose			
嘴	zuǐ	mouth	(前)胸	(qián) xiōng	chest
牙	yá	tooth	(后)背	(hòu) bèi	back
舌头	shétou	tongue	肚子	dùzi	abdomen
下巴	xiàba	chin	腰	yāo	waist
前额	qián'é	forehead	屁股	pìgu	bottom
脸颊	liǎnjiá	cheek	腿	tuǐ	leg
			膝盖	xīgài	knee

Vocabulary (parts of the body – continued)

手	shǒu	hand	脚	jiǎo	foot
手掌	shǒuzhǎng	palm	脚腕	jiǎowàn	ankle
手腕	shǒuwàn	wrist	脚跟	jiǎogēn	heel
手指	shǒuzhǐ	finger	脚掌	jiǎozhǎng	sole
手指甲	shǒuzhǐjiǎ	fingernail	脚趾	jiǎozhǐ	toe
			脚趾甲	jiǎozhǐjia	toenail

28.2. Warm-up
- Review of key language from the past few lessons

28.3. Intensive practice

1. '让 ràng' meaning 'let someone do something'

Teacher	Student
你看什么呢?	让我看看
Nǐ kàn shénme ne?	Ràng wǒ kànkan
你听什么呢?	让我听听
Nǐ tīng shénme ne?	Ràng wǒ tīngting
你发烧吗?	让妈妈摸摸
Nǐ fāshāo ma?	Ràng māma mōmo
你的衣服真好看.	让我试试
Nǐ de yīfu zhēn hǎokàn.	Ràng wǒ shìshi
你的字典在哪儿?	让我用用
Nǐ de zìdiǎn zài nǎr?	Ràng wǒ ròngrong
这是你做的蛋糕吗?	让我尝尝
Zhè shì nǐ zuò de dàngāo ma?	Ràng wǒ chángchang

2. Using '让 ràng' for asking people to do things

让阿姨每天去超市买菜
Ràng āyí měitiān qù chāoshì mǎicài

让司机每天接孩子回家
Ràng sījī měitiān jiē háizi huíjiā

老板让我下星期去上海出差
Lǎobǎn ràng wǒ xià xīngqī qù Shànghǎi chūchāi

老师让我跟他读课文
Lǎoshī ràng wǒ gēn tā dú kèwén

妈妈让我给他打电话
Māma ràng wǒ gěi tā dǎ diànhuà

他让我说慢一点儿
Tā ràng wǒ shuō màn yidiǎnr

让司机送我们去机场
Ràng sījī sòng wǒmen qù jīchǎng

让司机送我们去医院
Ràng sījī sòng wǒmen qù yīyuàn

医生让他别着急
Yīshēng ràng tā bié zháojí

医生让我先打针,再吃药
Yīshēng ràng wǒ xiān dǎzhēn, zài chīyào

医生让他别着凉
Yīshēng ràng tā bié zháoliáng

我让阿姨带孩子去玩儿
Wǒ ràng āyí dài háizi qù wánr

3. Talking about pains ('我 wǒ ... 疼 téng')

Wǒ tóu téng
Wǒ yá téng
Wǒ jiǎo téng
Wǒ yǎnjing téng
Tā tuǐ téng
Wǒ gēbo téng
Tā dùzi téng
Tā jiānbǎng téng

4. '这么 zhème/那么 nàme + adjective

Zhème tàng   Nàme kuài
Zhème lěng   Nàme máng
Zhème rè   Nàme lěng

Zhème zāng   Nàme hǎo
Zhème piàoliang   Nàme nán
Zhème róngyi   Nàme xiǎo
Zhème nán
Zhème yuǎn
Zhème huài
Zhème nánchī
Zhème bù fāngbian
Zhème bù gānjìng
Zhème bù hǎochī

5. Talking about parts of the body

Teacher	Student
头 疼	我头有点儿疼
tóu téng	Wǒ tóu yǒudiǎnr téng
(negative)	我头不疼
	Wǒ tóu bù téng
牙	我牙不疼
yá	Wǒ yá bù téng
吗?	你牙疼吗?
ma?	Nǐ yá téng ma?
肚子	你肚子疼吗?
dùzi	Nǐ dùzi téng ma?
你的孩子	你的孩子肚子疼吗?
nǐ de háizi	Nǐ de háizi dùzi téng ma?
(affirmative)	你的孩子肚子疼
	Nǐ de háizi dùzi téng
有点儿	你的孩子肚子有点儿疼
yǒudiǎnr	Nǐ de háizi dùzi yǒudiǎnr téng
我	我肚子有点儿疼
wǒ	Wǒ dùzi yǒudiǎnr téng
腿	我腿有点儿疼
tuǐ	Wǒ tuǐ yǒudiǎnr téng
不太	我腿不太疼
bú tài	Wǒ tuǐ bú tài téng

6. Doubled adjectives for vivid descriptions

Teacher

长长的头发
chángcháng de tóufa

大大的眼睛
dàdà de yǎnjing

好好的身体
hǎohāor de shēntǐ

黑黑的房间
hēihēi de fángjiān

蓝蓝的海水
lánlán de hǎishuǐ

红红的苹果
hónghóng de píngguǒ

Student

她的头发长长的
Tā de tóufa chángcháng de

她的眼睛大大的
Tā de yǎnjing dàdà de

他的身体好好的
Tā de shēntǐ hǎohāor de

那个房间黑黑的
Nàge fángjiān hēihēi de

海水蓝蓝的
Hǎishuǐ lánlán de

苹果红红的
Píngguǒ hónghóng de

7. Talking about certainties using '一定 yídìng'

Teacher

噢, 这么烫; 你在发烧
Ò, zhème tàng; nǐ zài fāshāo

这么晚了; 他不来了
Zhème wǎn le; tā bù lái le

他怎么没来; 有别的事
Tā zěnme méi lái; yǒu biéde shì

我怎么头疼; 你着凉了
Wǒ zěnme tóuténg; nǐ zháoliáng le

他怎么还不起床; 不舒服
Tā zěnme hái bù qǐchuáng; bù shūfu

飞机怎么还不到; 晚点了
Fēijī zěnme hái bú dào; wǎndiǎn le

Student

你一定在发烧.
Nǐ yídìng zài fāshāo.

他一定不来了
Tā yídìng bù lái le

他一定有别的事
Tā yídìng yǒu biéde shì

你一定着凉了
Nǐ yídìng zháoliáng le

他一定不舒服
Tā yídìng bù shūfu

飞机一定晚点了
Fēijī yídìng wǎndiǎn le

8. Asking '谁知道? Shuí zhīdào?'

Teacher

昨天她还好好的, 怎么突然发烧了?

Student

谁知道是什么原因?

Zuótiān tā hái hǎohāor de, zěnme tūrán fāshāo le?
刚才他还在这儿, 什么时候走的?
Gāngcái tā hái zài zhèr, shénme shíhou zǒu de?
刚才他还在呢, 去哪儿了?
Gāngcái tā hái zài ne, qù nǎr le?
这么晚了, 他还来不来?
Zhème wǎn le, tā hái lái bu lái?
还没给我们打电话, 她还去不去了?
Hái méi gěi wǒmen dǎ diànhuà, tā hái qù bu qù le?

Shuí zhīdào shì shénme yuányīn?
谁知道是什么时候走的?
Shuí zhīdào shì shénme shíhou zǒu de?!
谁知到他去哪儿了?
Shuí zhīdào tā qù nǎr le?
谁知道他来不来?
Shuí zhīdào tā lái bu lái?
谁知到她去不去?
Shuí zhīdào tā qù bu qù?

9. Practical Dialogues

1. AT HOME, LOOKING FOR MEDICINE

A: 苏珊, 我今天头很疼
   Sūshan, wǒ jīntiān tóu hěn téng.

B: 你是不是发烧了? 让我摸摸… 嗯, 有点儿烫.
   Nǐ shì bu shì fāshāo le? Ràng wǒ mōmo … èn, yǒudiǎnr tàng.

A: 家里还有感冒药吗?
   Jiālǐ hái yǒu gǎnmào yào ma?

2. IN HOSPITAL (1 – NO NEED FOR AN INJECTION)

A: 大夫, 我这里不舒服, 好几天了.
   Dàifu, wǒ zhèlǐ bù shūfu, hǎo jǐ tiān le.

B: 没什么大问题, 你只是着凉了.
   Méi shénme dà wèntí, nǐ zhǐ shì zháoliáng le.

A: 用打针吗?
   Yòng dǎzhēn ma?

B: 不用, 我给你开点儿药, 吃了就会好的.
   Bú yòng, wǒ gěi nǐ kāi diǎnr yào, chīle jiù huì hǎo de.

3. IN HOSPITAL (2 – NEEDING SURGERY)

A: 你怎么不早点儿来医院?
   Nǐ zěnme bù zǎo diǎnr lái yīyuàn?

B: 很严重吗?
   Hěn yánzhòng ma?

A: 你得住院, 做手术.

Nǐ děi zhùyuàn, zuò shǒushù.

B: 我需要住多长时间医院?
Wǒ xūyào zhù duōcháng shíjiān yīyuàn?

A: 不长, 大概两个星期.
Bù cháng; dàgài liǎngge xīngqī.

28.4. Dialogue

妈妈: 宝贝儿, 你怎么了? 还不起床.
Māma: Bǎobèir, nǐ zěnme le? Hái bù qǐchuáng.

孩子: 妈妈, 我有点儿不舒服.
Háizi: Māma, wǒ yǒudiǎnr bù shūfu.

妈妈: 怎么不舒服?
Māma: Zěnme bù shūfu?

孩子: 我头有点儿疼.
Háizi: Wǒ tóu yǒudiǎnr téng.

妈妈: 发烧吗? 让妈妈摸摸 ... 噢, 这么烫! 你一定在发烧.
Māma: Fāshāo ma? Ràng māma mōmo ... Ò, zhème tàng! Nǐ yídìng zài fāshāo.

孩子: 妈妈, 今天我不想去上学了.
Háizi: Māma, jīntiān wǒ bù xiǎng qù shàngxué le.

妈妈: 好吧, 妈妈带你去医院. 阿姨, 快给我丈夫打电话, 让他派司机送我们 去医院
Māma: Hǎo ba, Māma dài nǐ qù yīyuàn. Āyí, kuài gěi wǒ zhàngfu dǎ diànhuà, ràng tā pài sījī sòng wǒmen qù yīyuàn.

阿姨: 好的.
Āyí: Hǎode.

妈妈: 王师傅, 你开慢一点儿, 别着急!
Māma: Wáng shīfu, nǐ kāi màn yìdiǎnr, bié zháojí!

司机: 好的, 夫人. 昨天我接他回家的时候, 他还好好的, 怎么突然发烧了?
Sījī: Hǎode, fūren. Zuótiān wǒ jiē tā huíjiā de shíhou, tā hái hǎohāode, zěnme tūrán fāshāo le?

妈妈: 谁知道是什么原因?
Māma: Shuí zhīdào shì shénme yuányīn?

医生: 夫人, 问题不大, 您的孩子只是着凉. 我给他打一针, 再开点儿药. 回家以后, 让他休息两天, 会好的.
Yīshēng: Fūren, wèntí bú dà, nǐ de háizi zhǐ shì zháoliáng le. Wǒ gěi tā dǎ yìzhēn, zài kāi diǎnr yào. Huíjiā yǐhòu, ràng tā xiūxi liǎng tiān, jiù huì hǎo de.

妈妈:　　谢谢你, 大夫！
Māma:　　Xièxie nǐ, dàifu!
医生:　　不客气.
Yīshēng: Búkèqi.

Translation of dialogue

Mother:　Darling, what's the matter with you? Why haven't you got up yet?
Child:　Mummy, I'm not feeling well.
Mother:　What is it?
Child:　I've got a bit of a headache.
Mother:　Have you got a temperature? Let me feel you. Oh, you're so hot ! You must have a fever.
Child:　Mummy, I don't want to go to school today.
Mother:　OK. Mummy will take you to the hospital. 'Ayi', please call my husband right away, and ask him to send the driver to take us to the hospital.
Ayi:　OK.
Mother:　Mr. Wang, please drive more slowly; don't be in such a hurry!
Driver:　No problem, Madam. He was feeling fine when I took him home yesterday. How come
　　　　he suddenly has a fever?
Mother:　Who knows the reason?
Doctor:　It's not a big problem, Madam. Your child has only caught a cold. I'll give him an injection and a prescription later. He'll definitely get better if you make sure he rests for a couple of days after going home.
Mother:　Thank you, doctor !
Doctor:　It's nothing.

28.5.　Communicative and Visualization activities

1. Vocabulary

Visualize and project the image of the words and phrases one by one on the screen, meanwhile feel the meaning of it.

宝贝儿	bǎobèir	带	dài
起床	qǐchuáng	医院	yīyuàn
舒服	shūfu	派	pài
疼	téng	接	jiē
发烧	fāshāo	突然	tūrán
让	ràng	原因	yuányīn
摸	mō	着凉	zháoliáng
烫	tàng	打针	dǎzhēn
一定	yídìng	开药	kāiyào
		药	yào

头	tóu	脖子	bózi
眼睛	yǎnjing	肩膀	jiānbǎng
眉毛	méimao	胳膊	gēbo
睫毛	jiémáo	胳膊肘	gēbozhǒu
鼻子	bízi		
嘴	zuǐ	(前)胸	(qián) xiōng
牙	yá	(后)背	(hòu) bèi

舌头	shétou	肚子	dùzi
下巴	xiàba	腰	yāo
前额	qián'é	屁股	pìgu
脸颊	liǎnjiá	腿	tuǐ
		膝盖	xīgài

手	shǒu	脚	jiǎo
手掌	shǒuzhǎng	脚腕	jiǎowàn
手腕	shǒuwàn	脚跟	jiǎogēn
手指	shǒuzhǐ	脚掌	jiǎozhǎng
手指甲	shǒuzhǐjiǎ	脚趾	jiǎozhǐ
		脚趾甲	jiǎozhǐjia

2. Other communicative activities

- Names parts the body in pairs; 'test' each other
- The teacher names a part of the body; you have to touch it
- Mini-dialogues in which one student describes a symptom, and the other responds with a diagnosis or suggestion
- Extend this into a full-scale 'medical consultation', with diagnosis, recommendation and treatment
- 3-person role-plays with child, mother and doctor (like the dialogue from this lesson)

28.6. Songs and games

- A musical game involving parts of the body
- A team game based on naming the parts of the body, using the cards
- A song about parts of the body

LESSON 29 RECENTLY I HAVEN'T BEEN FEELING TOO GOOD

29.1. Summary

Structures and functions

1. Nǐ zěnme le? – Wǒ yǒudiǎnr zhǎoliáng.

2. Xiànzài juéde zěnmeyàng? – Hǎo duō le.

3. How to use '怕 pà …'

4. How to use '害怕 hài pà'

5. Talking about illness and treatment

6. Giving advice with '多 duō' and '少 shǎo'

7. Saying how to do things using '这么 zhème'

Vocabulary

最近	zuìjìn	recently
拉肚子	lādùzi	(to have) diarrhoea
严重	yánzhòng	serious (condition)

医生	yīshēng	doctor
马上	mǎshàng	immediately
先	xiān	first
害怕	hàipà	to be scared
还是	háishì	still (in the end)
只是	zhǐshì	(but) only
注意	zhùyì	to pay attention to
能	néng	can; to be able to
早	zǎo	early
早日	zǎorì	soon
康复	kāngfù	to recover (from an illness)
打针	dǎzhēn	give an injection
打点滴	dǎ diǎndī	give (medicinal) drops
开药	kāi yào	prescribe medicine
吃药	chīyào	take medicine
做按摩	zuò ànmō	have a massage
扎针灸	zhā zhēnjiū	do acupuncture
得病	débìng	get sick
得了肺炎	déle fèiyán	get pneumonia
得了癌症	déle áizhèng	get cancer
得了高血压	déle gāoxuèyā	suffer from hypertension
得了心脏病	déle xīnzàngbìng	suffer from heart disease

29.2. Warm-up
- Key language points from the last few lessons
- Talk about you're afraid of
- Have you ever had acupuncture or injections or taken Chinese traditional medicine?

29.3. Intensive practice

<u>**1. How to use '怕 pà …'**</u>

我很怕 黑

Wǒ hěn pà hēi

他从不游泳, 因为他怕 水
Tā cóngbù yóuyǒng, yīnwéi tā pà shuǐ

你怕什么? – 我 怕狗
Nǐ pà shénme? – Wǒ pà gǒu

我什么都不怕, 只怕有病
Wǒ shénme dōu bú pà, zhǐ pà yǒubìng

她怕说错, 所以 不说
Tā pà shuōcuò, suǒyǐ bù shuō

她怕你 走了
Tā pà nǐ zǒu le

你怕我不来 吗?
Nǐ pà wǒ bù lái ma?

2. How to use '害怕 hài pà'

黑天走路, 你害怕吗?
Hēitiān zǒulù, nǐ hàipà ma?

在海里游泳, 你害怕吗?
Zài hǎilǐ yóuyǒng, nǐ hàipà ma?

看完那个电影, 她很害怕
Kànwán nàge diànyǐng, tā hěn hàipà

你看来很害怕
Nǐ kànlái hěn hàipà

那个电影让人害怕
Nàge diànyǐng ràng rén hàipà

她觉得很害怕
Tā juéde hěn hàipà

3. Talking about illness and treatment

yǒu bìng	gěi wǒ dǎzhēn
yǒu fèiyán	gěi wǒ kāiyào
yǒu áizhèng	gěi wǒ zhā zhēnjiū
yǒu gāoxuèyā	gěi wǒ zuò ànmō
yǒu xīnzàngbìng	gěi wǒ dǎ diǎndī

4. Advice with '多 duō' and '少 shǎo'

duō zhùyì	duō tīng	duō dú
duō xiūxi	duō shuō	shǎo chī

5. More advice with '多 duō' and '少 shǎo'

Teacher	Student A	Student B
吃蔬菜, 吃肉 chī shūcài, chī ròu	多吃蔬菜, 少吃肉 duō chī shūcài, shǎo chī ròu	你要多吃蔬菜, 少吃肉 Nǐ yào duō chī shūcài, shǎo chī ròu
吃水果, 吃肉 chī shuǐguǒ, chī ròu	多吃水果, 少吃肉 duō chī shuǐguǒ, shǎo chī ròu	你要多吃水果,少吃肉 Nǐ yào duō chī shuǐguǒ, shǎo chī ròu
休息, 说话 xiūxi, shuōhuà	多休息, 少说话 duō xiūxi, shǎo shuōhuà	你要多休息,少说话 Nǐ yào duō xiūxi, shǎo shuōhuà
锻炼身体, 喝啤酒 duànliàn shēntǐ, hē píjiǔ	多锻炼身体,少喝啤酒 duō duànliàn shēntǐ, shǎo hē píjiǔ	你要多锻炼身体,少喝啤酒 Nǐ yào duō duànliàn shēntǐ, shǎo hē píjiǔ

6. Saying how to do things using '这么 zhème'

Teacher	Student
你知道 'hǎo' 怎么写吗？ Nǐ zhīdào 'hǎo' zěnme xiě ma?	这么写 ' 好 ' Zhème xiě ' 好'
这个字你写错了 Zhège zì nǐ xiěcuò le	应该这么写 Yīnggāi zhème xiě
这个菜这么做 对吗？ Zhège cài zhème zuò duì ma?	你可以这么做 Nǐ kěyǐ zhème zuò
下月我们去好几个地方玩儿 Xiàyuè wǒmen qù hǎo jǐge dìfang wánr	你看这么去,可以吗？ Nǐ kàn zhème qù, kěyǐ ma?
这句这么唱对吗？ Zhè jù zhème chàng, kěyǐ ma?	这么唱不对 Zhème chàng bú duì
我们这么走可以吗？ Wǒmen zhème zǒu kěyǐ ma?	这么走有点儿远 Zhème zǒu yǒu diǎnr yuǎn

7. Talking about the doctor's advice

Teacher	Student
休息两天	休息两天
xiūxi liǎng tiān	Xiūxi liǎng tiān
好好	好好休息两天
hǎohāor	Hǎohāor xiūxi liǎng tiān
让她好	让她好好休息两天
ràng tā	Ràng tā hǎohāor xiūxi liǎng tiān
医生	医生让她 好好休息两天
yīshēng	Yīshēng ràng tā hǎohāor xiūxi liǎng tiān
她很好	她很好
Tā hěn hǎo	Tā hěn hǎo
回家的时	回家的时候她很好
huíjiā de shíhou	Huíjiā de shíhou tā hěn hǎo
我接她	我接她回家的时候她很好
wǒ jiē tā	Wǒ jiē tā huíjiā de shíhou tā hěn hǎo
昨天	昨天我接她回家的时候她很好
zuótiān	Zuótiān wǒ jiē tā huíjiā de shíhou tā hěn hǎo

8. Practical dialogues

1. GOING TO MEET SOMEONE AT THE AIRPORT

A: 今天下午我要去机场接人
 Jīntiān xiàwǔ wǒ yào qù jīchǎng jiē rén
B: 接谁？
 Jiē shuí?
A: 我先生的妈妈要来北京.
 Wǒ xiānsheng de māma yào lái Běijīng.
B: 飞机几点到港？
 Fēijī jǐdiǎn dàogǎng?
A: 下午一点十五分.
 Xiàwǔ yì diǎn shíwǔ fēn.

2. ASKING THE DRIVER TO COME EARLY

A: 张师傅,请你明天早点儿来我家. 我要先送孩子去学校
Zhāng shīfu, qǐng nǐ míngtiān zǎodiǎnr lái wǒ jiā. Wǒ yào xiān sòng háizi qù xuéxiào.

B: 我几点到合适？
Wǒ jǐ diǎn dào héshì?

A: 七点半, 好吗？
Qī diǎn bàn, hǎoma?

B: 好的.
Hǎode.

9. Fluency checkpoint *(put the words in the right order)*

我 开药 打针 再 给 先 她 给
wǒ kāiyào dǎzhēn zài gěi xiān tā gěi

今天 头 她 有一点儿 疼
jīntiān tóu tā yǒu yìdiǎnr téng

身体 最近 你 吗 还好
shēntǐ zuìjìn nǐ ma háihǎo

医院 去 送 我们 请
yīshēng qù sòng wǒmen qǐng

让 来 请 她 一下
ràng lái qǐng tā yíxià

来 派 谁 的 你
lái pài shuí de nǐ

29.4. Dialogue

A: 你最近出去玩儿了吗?
Nǐ zuìjìn chūqù wánr le ma?

B: 我最近身体不太好, 没去玩儿.
Wǒ zuìjìn shēntǐ bú tài hǎo, méi qù wánr.

A: 怎么了？
Zěnme le?

B: 上星期我和朋友去吃饭, 回来后, 晚上就开始拉肚子.
Shàng xīngqī wǒ hé péngyou qù chīfàn, huílái hòu, wǎnshang jiù kāishǐ lā dùzi.

A: 严重吗？你去没去看医生？
Yánzhòng ma? Nǐ qù méi qù kàn yīshēng?

B: 是很严重. 我马上去医院了.
   Shì hěn yánzhòng. Wǒ mǎshàng qù yīyuàn le.

A: 医生怎么说?
   Yīshēng zěnme shuō?

B: 因为我发烧了, 所以医生让我先打针, 再给我开药. 可是我怕打针.
   Yīnwéi wǒ fāshāo le, suǒyǐ yīshēng ràng wǒ xiān dǎzhēn, zài gěi wǒ kāi yào. Kěshì wǒ pà dǎzhēn.

A: 你也怕打针? 不过打针好得快.
   Nǐ yě pà dǎzhēn? Búguò dǎzhēn hǎode kuài.

B: 大夫也这么说. 可我还是很害怕. 所以我没打针, 让他给我开了点儿药.
   Dàifu yě zhème shuō. Kě wǒ háishì hěn hàipà. Suǒyǐ wǒ méi dǎzhēn, ràng tā gěi wǒ kāile diǎnr yào.

A: 现在觉得怎么样? 好了吗?
   Xiànzài juéde zěnme yàng? Hǎole ma?

B: 好多了! 只是有点儿不想吃饭, 只想吃水果.
   Hǎoduō le! Zhǐshì yǒudiǎnr bù xiǎng chīfàn, zhǐ xiǎng chī shuǐguǒ.

A: 那你要多注意休息.
   Nà nǐ yào duō zhùyì xiūxi.

B: 希望下星期能好.
   Xīwàng xià xīngqī néng hǎo.

A: 我想你会好的. 时间不早了, 我得走了. 祝你早日康复!
   Wǒ xiǎng nǐ huì hǎo de. Shíjiān bù zǎo le, wǒ děi zǒu le. Zhù nǐ zǎorì kāngfù!

B: 谢谢, 再见!
   Xièxie, zàijiàn!

Translation of dialogue

A: Have you been away on any trips recently?
B: I haven't been feeling well recently, so I haven't gone anywhere.
A: What's the matter?
B: Last week I went out to eat with some friends. I felt sick immediately afterwards, that evening.
A: Was it serious? Did you go to hospital?
B: It was serious. I went to the hospital right away.
A: What did the doctor say?
B: As I had a temperature, the doctor wanted to give me an injection, and then I had to take some medicine. But I'm afraid of injections.
A: You're scared of injections too? But you know, an injection can help you get better

quickly.

B: That's what the doctor said too – but I was still scared. So I didn't have the injection; I just asked him to prescribe me some medicine.

A: How are you now? Feeling better?

B: Much better, but I don't feel like eating. I only want to eat fruit.

A: Then take care of yourself and get some more rest.

B: I hope I'm better by next week.

A: I'm sure you will be. It's getting late now; I have to leave. Get well soon!

B: Thank you, bye-bye!

29.5. Communicative and Visualization activities

1. Vocabulary

Visualize and project the image of the words and phrases one by one on the screen, meanwhile feel the meaning of it.

最近	zuìjìn	打针	dǎzhēn
拉肚子	lādùzi	打点滴	dǎ diǎndī
严重	yánzhòng	开药	kāi yào
医生	yīshēng	吃药	chīyào

马上	mǎshàng	做按摩	zuò ànmō
先	xiān	扎针灸	zhā zhēnjiū
害怕	hàipà	得病	débìng
还是	háishì	得了肺炎	déle fèiyán
只是	zhǐshì	得了癌症	déle áizhèng
注意	zhùyì	得了高血压	déle gāoxuèyā
能	néng	得了心脏病	déle xīnzàngbìng
早	zǎo	康复	kāngfù
早日	zǎorì		

2. Other communicative activities

- Ask each other what you're afraid of, and report to the other students or the teacher
- Talk about pictures of people suffering from various problems and suggest remedies
- Report a medical problem to the group, and the other students respond with follow-up questions and suggestions
- Do a medical consultation, similar to the one in the previous lesson lesson
- Ask each other how to write various Chinese characters and demonstrate them. Discuss how good they look

29.6. Songs and games

- A game based on parts of the body (using a medical diagram)
- A song about sickness and health

LESSON 30   HOW HASN'T THE ELEVATOR COME DOWN YET?

30.1. Summary

Structures and functions

1. Directional actions plus object

2. Phrases with '够 gòu' + adjective

3. Phrases with '忘了 wàngle' + verb

4. Phrases with '怎么 这么 zěnme zhème 那么 nàme …?' (Why so …?) – STYLE P5

5. Using '怎么 Zěnme ..?' to ask 'How come …'

6. Statements with '越 yuè … 越 yuè …

7. Making an appointment using '约了 yuēle'

8. Saying what's just happened using '刚才 gāngcái'

Vocabulary

刚才	gāngcái	just now		上来	shànglai	come up
跑	pǎo	to run		下来	xiàlai	come down
迟到	chídào	to be/arrive late		进来	jìnlai	come in
约	yuē	to fix a meeting/date		出来	chūlai	come out
客户	kèhù	client		回来	huílai	come back
电梯	diàntī	lift; elevator		过来	guòlai	come over/here
停	tíng	to stop		起来	qǐlai	get up; arise
够	gòu	enough		去	qù	go
终于	zhōngyú	at last		上去	shàngqu	go up
超重	chāozhòng	overweight; overloaded		下去	xiàqu	go down
越...越...	yuè...yuè...	the more... the more...		进去	jìnqu	go in
出问题	chūwèntí	to have problems		出去	chūqu	go out
计划书	jìhuàshū	a report		回去	huíqu	go back
幸亏	xìngkuī	fortunately		过去	guòqu	go over/across
电脑	diànnǎo	computer				
储存	chǔcún	to store; to save (in a computer)				
好运	hǎoyùn	good luck				
上	shàng	up				
下	xià	down				
进	jìn	in				
出	chū	out				
回	huí	back				
过	guò	across; over				
起	qǐ	arise				
坐	zuò	sit				
来	lái	come				

30.2. Warm-up

- Key language points from the last few lessons
- Say when you're next going home or travelling away from Beijing, and when you're coming

back

30.3. Intensive practice

1. Phrases with directional actions plus object

上楼来 上楼去
shàng lóu lai shàng lóu qu

上车来 上车去
shàng chē lai shàng chē qu

进屋来 进屋去
jìn wū lai jìn wū qu

出门来 出门去
chū mén lai chū mén qu

回北京来 回北京去
huí Běijīng lai huí Běijīng qu

过这儿来 过那儿去
guò zhèr lai guò nàr qu

拿东西来 拿钱去
ná dōngxi lai dài qián qu

拿钱来 带礼物去
ná qián lai dài lǐwù qu

拿字典来 带朋友去
ná zìdiǎn lai dài péngyou qu

拿钥匙来 带孩子去
ná yàoshi lai dài háizi qu

拿水来 带样子去
ná shū lai dài yàngzi qu

2. Sentences with directional actions + object

Teacher	Student
我下月回国去	我下月回国去
Wǒ xiàyuè huíguó qu	Wǒ xiàyuè huíguó qu
加拿大	我下月回加拿大去

Jiānádà	Wǒ xiàyuè huí Jiānádà qu
什么时候？	你什么时候回加拿大去？
shénme shíhou?	Nǐ shénme shíhou huí Jiānádà qu?
回来, 家	你什么时候回家来？
huílai, jiā	Nǐ shénme shíhou huíjiā lai?
他, 明天	他明天回家来
tā, míngtiān	Ta míngtiān huíjiā lai
一会儿	他一会儿回家来
yíhuìr	Tā yíhuìr huíjiā lai
下来, 楼	他一会儿下楼来
xiàlai, lóu	Tā yíhuìr xià lóu lai
现在, 吗？	他现在下楼来吗？
xiànzài, ma?	Tā xiànzài xià lóu lai ma?
你 进来, 屋	你现在进屋来吗？
nǐ jìnlai, wū	Nǐ xiànzài jìn wū lai ma?
我, 不 去	我现在不进屋去
wǒ, bù qu	Wǒ xiànzài bú jìn wū qu
回去, 北京	我现在不回北京去
huíqu, Běijīng	Wǒ xiànzài bù huí Běijīng qu

3. Phrases with '够 gòu' + adjective

gòu màn de
gòu dà de
gòu nán de
gòu yuǎn de
gòu huài de
gòu lìhài de
gòu yánzhòng de

4. Phrases with '忘了 wàngle' + verb

wàngle dài jìhuàshū
wàngle dài yàoshi
wàngle dài shū
wàngle dài qián
wàngle gàosu nǐ

wàngle dìng piào
wàngle gěi nǐ dǎ diànhuà

5. Phrases with '怎么 这么 zěnme zhème 那么 nàme …?' (Why so …?) – STYLE P5

Zěnme zhème kuài?
Zěnme zhème nán?
Zěnme zhème màn?
Zěnme zhème hēi?
Zěnme nàme tǎoyàn?
Zěnme nàme lěng?
Zěnme nàme nánkàn?
Zěnme nàme shǎo?

6. Using '怎么 Zěnme ..?' to ask 'How come …'

Teacher	Student A	Student B
上来 shànglai	快点儿上来！ Kuàidiǎnr shànglai!	怎么还不上来？ Zěnme hái bú shànglai?
出来 chūlai	快点儿出来！ Kuàidiǎnr chūlai!	怎么还不出来？ Zěnme hái bú chūlai?
出去 chūqu	快点儿出去！ Kuàidiǎnr chūqu!	怎么还不出去？ Zěnme hái bú chūqu?
回来 huílai	快点儿回来！ Kuàidiǎnr huílai!	怎么还不回来？ Zěnme hái bú huílai?
回去 huíqu	快点儿回去！ Kuàidiǎnr huíqu!	怎么还不回去？ Zěnme hái bú huíqu?
下去 xiàqu	快点儿下去！ Kuàidiǎnr xiàqu!	怎么还不下去？ Zěnme hái bú xiàqu?
进去 jìnqu	快点儿进去！ Kuàidiǎnr jìnqu!	怎么还不进去？ Zěnme hái bú jìnqu?
过来 guòlai	快点儿过来！ Kuàidiǎnr guòlai!	怎么还不过来？ Zěnme hái bú guòlai?
起来 qǐlai	快点儿起来！ Kuàidiǎnr qǐlai!	怎么还不起来？ Zěnme hái bú qǐlai?

7. Statements with '越 yuè … 越 yuè …'

Teacher	Student A	Student B
真是越忙越出问题 Zhēn shì yuè máng yuè chū wèntí.	怎么了？ Zěnme le?	我忘了带计划书 Wǒ wàngle dài jìhuàshū
真是越忙越出问题 Zhēn shì yuè máng yuè chū wèntí.	怎么了？ Zěnme le?	我忘了带钥匙 Wǒ wàngle dài yàoshi
真是越看越爱看. Zhēn shì yuè kàn yuè àikàn.	为什么？ Wèi shénme?	写得太有意思了 Xiěde tài yǒuyìsi le
真是越想越害怕. Zhēn shì yuè xiǎng yuè hàipà.	什么事？ Shénme shì?	昨天我看了一个电影 Zuótiān wǒ kànle yíge diànyǐng
真是越听越爱听. Zhēn shì yuè tīng yuè àitīng.	真的吗？ Zhēnde ma?	当然了 Dāngrán le
真是越不吃越不想吃. Zhēn shì yuè bù chī yuè bù xiǎng chī.	这不好 Zhè bù hǎo	我知道不好, 可是… Wǒ zhīdào bù hǎo, kěshì…

8. Making an appointment using '约了 yuēle'

Teacher	Student
几个朋友, 来我家 jǐge péngyou, lái wǒ jiā	我约了几个朋友来我家 Wǒ yuēle jǐge péngyou lái wǒ jiā
他, 女朋友, 去吃海鲜 tā, nǚ péngyou, qù chī hǎixiān	他约了女朋友去吃海鲜 Tā yuēle nǚ péngyou qù chī hǎixiān
两个人, 一起去 liǎngge rén, yìqǐ qù	他约了两个人一起去 Tā yuēle liǎngge rén yìqǐ qù
我, 别人, 去看电影 wǒ, biérén, qù kàn diànyǐng	我约了别人去看电影 Wǒ yuēle biérén qù kàn diànyǐng
同事, 去跳舞 tóngshì, qù tiàowǔ	我约了同事去跳舞 Wǒ yuēle tóngshì qù tiàowǔ
朋友, 一起去旅游 péngyou, yìqǐ qù lǚyóu	我约了朋友一起去旅游 Wǒ yuēle péngyou yìqǐ qù lǚyóu

9. Saying what's just happened using '刚才 gāngcái'

Teacher	Student
刚才我给你打电话.	怎么没人接？

Gāngcái wǒ gěi nǐ dǎ diànhuà.

刚才我看见你往办公室跑.

Gāngcái wǒ kànjiàn nǐ wàng bàngōngshì pǎo.

刚才我看见他走了.

Gāngcái wǒ kànjiàn tā zǒu le.

刚才我听见你在唱歌.

Gāngcái wǒ tīngjiàn nǐ zài chànggē.

刚才你去哪儿了?

Gāngcái nǐ qù nǎr le?

刚才我出去的时候

Gāngcái wǒ chūqu de shíhou

Zěnme méi rén jiē?

怎么了?

Zěnme le?

你找他什么事?

Nǐ zhǎo tā shénme shì?

怎么这么高兴?

Zěnme zhème gāoxìng?

有人来找你.

Yǒurén lái zhǎo nǐ

有人给我打电话吗?

Yǒurén gěi wǒ dǎ diànhuà ma?

10. Fluency checkpoint *(Make sentences using the following words and phrases)*

刚才	gāngcái
迟到	chídào
约	yuē
够	gòu
终于	zhōngyú
越 … 越 …	yuè … yuè …
出问题	chū wèntí
幸亏	xìngkuī
储存	chǔcún

30.4. Dialogue

A: 张丽, 你也来晚了?

Zhāng Lì, nǐ yě láiwǎn le?

B: 是呀, 今天堵车真厉害!

Shìya, jīntiān dǔchē zhēn lìhài!

A: 刚才我在车上看见你正往这里跑.

Gāngcái wǒ zài chēshang kànjiàn nǐ zhèng wàng zhèlǐ pǎo.

B: 我怕迟到, 我约了一个客户九点来办公室.

Wǒ pà chídào. Wǒ yuēle yíge kèhù jiǔ diǎn lái bàngōngshì.

A: 还有几分钟呢,别着急！
Hái yǒu jǐ fēnzhōng ne, bié zháojí!

B: 电梯怎么这么慢，还不下来？停在九层半天了.
Diàntī zěnme zhème nán, hái bú xiàlai? Tíng zài jiǔcéng bàntiān le.

A: 是够慢的, 大概有五、六分钟了.
Shì gòu màn de, dàgài yǒu wǔ, liù fēnzhōng le.

B: 啊,终于下来了！
A, zhōngyú xiàlai le!

C: 超重了,得下去一、两个人.
Chāozhòng le, děi xiàqu yì, liǎngge rén.

A: 你别下去, 我下去吧.
Nǐ bié xiàqu, wǒ xiàqu ba.

B: 哎, 张男, 上来了?
Ai, Zhàng Nán, shànglai le?

A: 你的客户到了吗？
Nǐ de kèhù dàole ma?

B: 已经到了. 真是越忙越出问题
Yǐjīng dàole. Zhēn shì yuè máng yuè chū wèntí.

A: 怎么了？
Zěnme le?

B: 我忘了带计划书, 幸亏我在电脑里储存了一份,要不麻烦就大了.
Wǒ wàngle dài jìhuàshū, xìngkuī wǒ zài diànnǎo li chǔcúnle yífèn, yàobu máfan jiù dà le.

A: 祝你好运！小李来了吗？我有事找他.
Zhù nǐ hǎo yùn! Xiǎo Lǐ lái le ma? Wǒ yǒu shì zhǎo tā.

B: 刚才我还看见他了呢.
Gāngcái wǒ hái kànjiàn tā le ne.

Translation of dialogue
A: Hey Zhang Li – you're late too.
B: Yeah, the traffic today was terrible!
A: Just now when I was on the bus I saw you running in this direction.
B: I was afraid of being late, because I've got an appointment with a client in the office at nine.
A: We still have a couple of minutes, don't worry!
B: Why hasn't the lift come yet? It's been ages since it stopped at the ninth floor.
A: It's really slow; it's been five or six minutes already.

B: Ah, here it comes at last!
C: It's over the weight limit; one or two people will have to get out.
A: You don't have to; let me.
B: Hi Zhang Nan, so you came up?
A: Did your client arrive?
B: Yes, he did. But the busier you are, the more problems you have.
A: What's the matter?
B: I forgot to bring the report with me, but fortunately I've got a copy of it in my computer, otherwise I'd have even more problems.
A: Good luck! Has Young Li come yet? I have something to discuss with him.
B: I saw him just now.

30.5. Communicative and Visualization activities

1. Vocabulary

Visualize and project the image of the words and phrases one by one on the screen, meanwhile feel the meaning of it.

刚才	gāngcái	上	shàng	上来	shànglai
跑	pǎo	下	xià	下来	xiàlai
迟到	chídào	进	jìn	进来	jìnlai
约	yuē	出	chū	出来	chūlai

客户	kèhù	回	huí	回来	huílai
电梯	diàntī	过	guò	过来	guòlai
停	tíng	起	qǐ	起来	qǐlai
够	gòu	坐	zuò		
终于	zhōngyú	来	lái	上去	shàngqu
超重	chāozhòng	去	qù	下去	xiàqu
越 ... 越 ...	yuè ... yuè ...			进去	jìnqu
出问题	chūwèntí			出去	chūqu
计划书	jìhuàshū			回去	huíqu
幸亏	xìngkuī			过去	guòqu
电脑	diànnǎo				
储存	chǔcún				
好运	hǎoyùn				

2. Other communicative activities

- Use the simple verbs of motion and then the compound verbs of motion + direction to talk about pictures of people moving in various directions
- In pairs, select first a simple, then a compound verb and the other student has to (a) make a sentence with it and/or (b) demonstrate it by moving accordingly
- Make dialogues in which you (a) describe an appointment you made, (b) say you're afraid of being late for it, and then (c) turn up late to the appointment and explain why
- Think up statements with 越 yuè ... 越 yuè … and responses to them
- Talk about what has just happened in various pictures, and make these into mini-dialogues

30.6. Songs and games

- A game based on the verbs of motion and direction and places
- A song using one of the structures from this lesson

LESSON 31   WE'RE GOING TO HAVE A FAMILY GET-TOGETHER

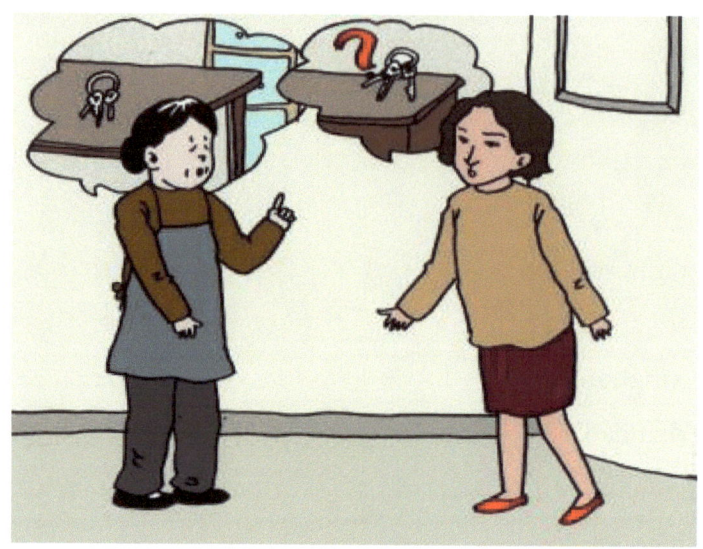

31.1. Summary

Structures and functions

1. Double directional verbs with '回去 huíqu' or '回来 huílai'

2. Double directional verbs with other verbs + '去 qù' or '来 lái'

3. Verb + '好 hǎo /完 wán /走 zǒu' with passive meaning

4. Double directional verbs with passive meaning

5. Talking about origins using '来自 láizì'

Vocabulary

参加	cānjiā	to participate (in); to attend
会议	huìyì	meeting; conference
提前	tíqián	in advance; early
通知	tōngzhī	to inform; to notify
举办	jǔbàn	to hold (meeting, party)
家庭	jiātíng	family

聚会	jùhuì	get-together
厨师	chúshī	cook
钥匙	yàoshi	key
忘	wàng	to forget
忘了	wàngle	(I) forgot
放	fàng	to put
桌子	zhuōzi	table
发现	fāxiàn	to find out; to discover
父母	fùmǔ	parents
开门	kāimén	to open the door
帮助	bāngzhù	to help
参加一个招待会	cānjiā yíge zhāodàihuì	attend a reception
生日晚会	shēngrì wǎnhuì	birthday party
舞会	wǔhuì	dancing party
酒会	jiǔhuì	cocktail party
宴会	yànhuì	banquet

31.2. Warm-up

- Key language points from the last few lessons
- Talk about a party you've recently been to

31.3. Intensive practice

1. Double directional verbs with '回去 huíqu' or '回来 huílai'

jiē huílai	jiē huíqu
mǎi huílai	mǎi huíqu
ná huílai	ná huíqu
dài huílai	dài huíqu
bān huílai	bān huíqu

2. Double directional verbs with other verbs + '去 qù' or '来 lái'

ná shàngqu	ná xiàlai
bān shànglai	bān xiàqu
fàng jìnqu	fàng huíqu

sòng huíqu	sòng guòlai
ná jìnqu	ná chūlai
bān jìnlai	bān chūqu
dài jìnqu	dài chūlai
sòng jìnqu	sòng chūqu

3. Verb + '好 hǎo /完 wán /走 zǒu' with passive meaning

Teacher	Student
饭做好了吗？	做好了
Fàn zuòhǎo le ma?	Zuòhǎo le
计划书写好了吗？	写好了
Jìhuàshū xiěhǎo le ma?	Xiěhǎo le
花准备好了吗？	准备好了
Huā zhǔnbèihǎo le ma?	Zhǔnbèihǎo le
衣服做完了吗？	做完了
Yīfu zuòwán le ma?	Zuòwán le
大米吃完了吗？	吃完了
Dàmǐ chīwán le ma?	Chīwán le
这个月的钱用完了吗？	用完了
Zhège yuè de qián yòngwán le ma?	Yòngwán le
信发走了吗？	发走了
Xìn fāzǒu le ma?	Fāzǒu le
你的信拿走了吗？	拿走了
Nǐ de xìn názǒu le ma?	Názǒu le
照片拍完了吗？	拍完了
Zhàopiàn pāiwán le ma?	Pāiwán le
发票用完了吗？	用完了
Fāpiào yòngwán le ma?	Yòngwán le

4. Double directional verbs with passive meaning

Teacher	Student
菜买回来了吗？	买回来了
Cài mǎi huílai le ma?	Mǎi huílai le
您的父母接回来了吗？	没接回来

Nín de fùmǔ jiē huílai le ma?   Méi jiē huílai
东西送回去了吗？   送回去了
Dōngxi sòng huíqu le ma?   Sòng huíqu le
你的礼物带回去了吗？   带回去了
Nǐ de lǐwù dài huíqu le ma?   Dài huíqu le
衣服拿进来了吗？   拿进来了
Yīfu ná jìnlai le ma?   Ná jìnlai le
办公桌搬进来了吗？   没搬进来
Bàngōngzhuō bān jìnlai le ma?   Méi bān jìnlai
钱取回来了吗？   取回来了
Qián qǔ huílai le ma?   Qǔ huílai le
东西带出去了吗？   没带出去
Dōngxi dài chūqu le ma?   Méi dài chūqu

5. Talking about origins using '来自 láizì'

Teacher	Student A	Student B
你从哪儿来？(上海)	我从上海来.	我来自上海
Nǐ cóng nǎr lái? (Shànghǎi)	Wǒ cóng Shànghǎi lái	Wǒ láizì Shànghǎi
玛丽从哪儿来？(新加坡)	她从新加坡来	她来自新加坡
Mǎlì cóng nǎr lái? (Xīnjiāpō)	Tā cóng Xīnjiāpō lái	Tā láizì Xīnjiāpō
约翰从哪儿来？(澳大利亚)	他从澳大利亚来	他来自澳大利亚
Yuēhàn cóng nǎr lái? (Àodàlìyà)	Tā cóng Àodàlìyà lái	Tā láizì Àodàlìyà
你从哪儿来？(伦敦)	我从伦敦来	我来自伦敦
Nǐ cóng nǎr lái? (Lúndūn)	Wǒ cóng Lúndūn lái	Wǒ láizì Lúndūn
你妹妹从哪儿来？(纽约)	她从纽约来	她来自纽约
Nǐ mèimei cóng nǎr lái? (Niǔyuē)	Tā cóng Niǔyuē lái	Tā láizì Niǔyuē

6. Listening/Reading comprehension

昨天我先生从香港回来, 我开车去机场接他. 飞机应该一点十五分到, 可是机场工作人员说飞机要晚到一个小时. 我在机场等了半天, 终于看到我先生从里面走了出来. 我们高兴地去找我的车, 可是我忘了车停在哪儿了？ 我们找啊找啊, 终于看到了我的车. 我赶忙拿钥匙, 可是钥匙不在我的包里. 我们又找啊找啊. 最后, 我们发现钥匙在右车座上. 没办法我们只好打的回家. 第二天我让司机去机场取车.

Xiānsheng de fēijī shì liǎng diǎn shíwǔ fēn dào jīchǎng de.
Duì
Bú duì

Tā de yàoshi wàng zài jiāli le.
Duì
Bú duì

Yīnwéi tā zhǎobudào zìjǐ de chē, suǒyǐ zhǐhǎo dǎdī huíjiā.
Duì
Bú duì

Tā ràng sījī liǎng tiān yǐhòu qù jīchǎng qǔ chē.
Duì
Bú duì

7. Fluency checkpoint (answer the questions)

你今天怎么回来这么早？
Nǐ jīntiān zěnme huílai zhème zǎo?
你的中文怎么这么好？
Nǐ de Zhōngwén zěnme zhème hǎo?
你怎么这么早离开办公室？
Nǐ zěnme zhème zǎo líkai bàngōngshì?
今年夏天怎么这么热？
Jīnnián xiàtiān zěnme zhème rè?
你怎么这么早睡觉？
Nǐ zěnme zhème zǎo shuìjiào?
最近我怎么这么累？
Zuìjìn wǒ zěnme zhème lèi?

31.4. Dialogue

阿姨: 夫人，您今天怎么回来这么早？
Āyí: Fūren, nín jīntiān zěnme huílai zhème zǎo?
苏珊: 我今天去参加了一个会议. 开完会没有别的事, 就提前回来了.
Sūshān: Wǒ jīntiān qù cānjiāle yíge huìyì. Kāiwán huì méiyǒu biéde shì, jiù tíqián huílai

	le.
阿姨:	如果我也能提前离开就好了.
Āyí:	Rúguǒ wǒ yě néng tíqián líkāi jiù hǎo le.
苏珊:	你说什么?
Sūshān:	Nǐ shuō shénme?
阿姨:	没说什么.
Āyí:	Méi shuō shénme.
苏珊:	对了, 我想跟你说, 明天我的父母从加拿大来, 我也通知了我的 哥哥、姐姐, 他们要从上海过来.
Sūshān:	Duì le, wǒ xiǎng gēn nǐ shuō, míngtiān wǒ de fùmǔ cóng Jiānádà lái, wǒ yě tōngzhīle wǒ de gēge, jiějie, tāmen yào cóng Shànghǎi guòlai.
阿姨:	是吗？真太好了！
Āyí:	Shì ma? Zhēn tài hǎo le!
苏珊:	所以明天我要举办一个家庭聚会, 你得帮助厨师买很多东西. 请你明天早一点儿来.
Sūshān:	Suóyǐ míngtiān wǒ yào jǔbàn yíge jiātíng jùhuì, nǐ děi bāngzhù chúshī mǎi hěnduō dōngxi. Qǐng nǐmíngtiān zǎo yìdiǎnr lái.
阿姨:	好吧, 您让我几点到?
Āyí:	Hǎoba, nín ràng wǒ jǐdiǎn dào?
苏珊:	你最好八点半到.
Sūshān:	Nǐ zuìhǎo bā diǎn bàn dào.
阿姨:	好吧！
Āyí:	Hǎoba!
苏珊:	阿姨, 开门！
Sūshān:	Āyí, kāimén!
阿姨:	来了, 来了！您好, 夫人.
Āyí:	Láile, láile! Nín hǎo, fūren.
苏珊:	阿姨, 我的钥匙可能忘在家里了.
Sūshān:	Āyí, wǒde yàoshi wàng zài jiāli le.
阿姨:	您的钥匙放在厨房的桌子上了.
Āyí:	Nínde yàoshi fàng zài chúfáng de zhuōzishang le.
苏珊:	你看到了?
Sūshān:	Nǐ kàndào le?
阿姨:	您走了以后, 我发现的. 布朗先生和夫人接回来了吗？

Āyí:	Nín zǒule yǐhòu, wǒ fāxiàn de. Bùlǎng xiānsheng hé fūrén jiē huílai le ma?
苏珊:	接回来了. 东西都买回来了吗？
Sūshān:	Jiē huílai le. Dōngxi dōu mǎi huílai le ma?
阿姨:	都买回来了, 厨师正在厨房做呢.
Āyí:	Dōu mǎi huílai le, chúshī zhèng zài chúfáng zuò ne.
苏珊:	这是我的父母, 爸爸, 妈妈, 这是我们的阿姨.
Sūshān:	Zhè shì wǒ de fùmǔ. Bàba, māma, zhè shì wǒmen de āyí.
阿姨:	你们好, 布朗先生和夫人！
Āyí:	Nǐmen hǎo, Bùlǎng xiānsheng hé fūrén!
布朗先生:	你好, 阿姨！
布朗夫人:	
Xiānsheng: Fūrén:	Nǐhǎo, āyí!

Translation of dialogue

Ayi:	Hello Madam. How come you're back so early?
Susan:	I went to a meeting today. When the meetings was over I didn't have anything else [to do], so I came home early.
Ayi:	If I could leave early too, that would be great.
Susan:	What did you say?
Ayi:	I didn't say anything
Susan:	By the way, I wanted to tell you that my parents are coming from Canada tomorrow. I've told my brother and sister too. They'll come over here from Shanghai.
Ayi:	Really? Oh, that's wonderful!
Susan:	So I'm going to have a family get-together tomorrow, and you'll have to help the cook buy lots of things. Please come a bit earlier tomorrow.
Ayi:	OK. When do you want me to get here?
Susan:	You'd better be here at half past eight.
Ayi:	OK.
Susan:	Ayi, open the door!
Ayi:	I'm coming! Hello, Madam.
Susan:	Ayi, I left my keys at home.
Ayi:	You put your keys on the kitchen table.
Susan:	Did you see them?
Ayi:	I noticed them after you left. Have Mr. and Mrs. Brown been picked up and brought here?
Susan:	Yes, they have. Have all the stuff you bought been brought back here?

Ayi: Yes, it has. The cook is preparing it in the kitchen.
Susan: These are my parents. Dad, Mum, this is our maid.
Ayi: Hello, Mr. and Mrs. Brown.
Mr. & Mrs.: Hello, 'ayi'

31.5. Communicative and Visualization activities

1. Vocabulary

Visualize and project the image of the words and phrases one by one on the screen, meanwhile feel the meaning of it.

参加	cānjiā	桌子	zhuōzi
会议	huìyì	发现	fāxiàn
提前	tíqián	父母	fùmǔ
通知	tōngzhī	开门	kāimén
举办	jǔbàn	帮助	bāngzhù
家庭	jiātíng	招待会	zhāodàihuì
厨师	chúshī	聚会	jùhuì
钥匙	yàoshi	生日晚会	shēngrì wǎnhuì
忘	wàng	舞会	wǔhuì

忘了	wàngle	酒会	jiǔhuì
放	fàng	宴会	yànhuì

2. Other communicative activities

- Discuss what is needed for the various kinds of party taught in this lesson
- Now plan a party and act it out. Finally, they report on the party
- Ask each other questions about pictures of common everyday objects, like those in Intensive Practice #4
- Working in pairs, say you've, and your partner asks where you've put it
- Create dialogues (role plays) in which one of you is an *ayi* and the other her employer, telling her what to do

31.6. Songs and games

- A game based on the verbs of double direction, using picture cards
- A song about a party

LESSON 32 MAKING AN APPOINTMENT BY PHONE

32.1. Summary

Structures and functions

1. Arranging where and when to meet
   For example: Wǒmen zài nǎr jiànmiàn? – Wǒmen zài fànguǎnr lǐ jiànmiàn.
   Nǐ hé tā zài nǎr jiànmiàn? – Wǒ hé tā zài Tiān'ānmén qián jiànmiàn.

2. '以后 yǐhòu' with periods of time and to link sentences

3. verb + '错 cuò'

4. Phrases with direction + '角 jiǎo'

5. Period of time + '左右 zuǒyòu'

6. '乘 chèng' + means of transportation

7. '有 yǒu + verb phrase + 的 de'

8. Using '约 yuē' for bookings and arrangements

9. Using '我看还是 Wǒ kàn háishì ...' for suggestions

Vocabulary

错	cùo	wrong
噢	Òu!	Oh!
睡觉	shuìjiào	to sleep
同事	tóngshì	colleague
留言	liúyán	leave a message
要紧	yàojǐn	important; essential
醒	xǐng	to wake; awake
挂	guà	to hang (up)
号码	hàomǎ	number
演唱会	yǎnchànghùi	concert (singing)
我看	wǒkàn	in my opinion
打车	dǎchē	(to take a) taxi
乘	chèng	to ride (bus, taxi etc.)
公共	gōnggòng	public
直达	zhídá	direct line (bus, flight)
见面	jiànmiàn	to meet/see each other
角	jiǎo	corner
左右	zuǒyòu	about; approximately
张	zhāng	measure word for paper, tickets etc.
工人体育馆	Gōngréntǐyùguǎn	the Worker's Stadium in Beijing

32.2. Warm-up

- Review key language points from the last few lessons
- Talk about the kinds of music you like
- Talk about any concerts you've been to in China

32.3. Intensive practice

1. '以后 yǐhòu' with periods of time

Teacher	Student
十分钟, 给你打电话	十分钟以后, 我给你打电话.

shí fēnzhōng, gěi nǐ dǎ diànhuà	Shí fēnzhōng yǐhòu, wǒ gěi nǐ dǎ diànhuà.
半小时, 到你家	半小时以后, 我到你家
bàn xiǎoshí, dào nǐ jiā	Bàn xiǎoshí yǐhòu, wǒ dào nǐ jiā
三天, 去香港旅游	三天以后, 我去香港旅游
sān tiān, qù Xiānggǎng lǚyóu	Sān tiān yǐhòu, wǒ qù Xiānggǎng lǚyóu
一年, 又回国了	一年以后, 我又回国了
yì nián, yòu huíguó le	Yì nián yǐhòu, wǒ yòu huíguó le
两星期, 不在北京	两星期以后, 我不在北京
liǎng xīngqī, bú zài Běijīng	Liǎng xīngqī yǐhòu, wǒ bú zài Běijīng
六个月, 可能在美国	六个月以后, 我可能在美国
liùge yuè, kěnéng zài Měiguó	Liùge yuè yǐhòu, wǒ kěnéng zài Měiguó

2. '以后 yǐhòu' to link sentences

Teacher
我来北京, 去过很多地方
wǒ lái Běijīng, qùguo hěn duō dìfang
我回家, 给你打电话
wǒ huíjiā, gěi nǐ dǎ diànhuà
我去过雍和宫, 又去了天坛
wǒ qùguo Yōnghégōng, yòu qùle Tiāntán
我下班, 去饭馆吃饭
wǒ xiàbān, qù fànguǎnr chīfàn
我上次见他, 没再看见他
wǒ shàngcì jiàn tā, méi zài kànjiàn tā
她回来, 我告诉她
tā huílai, wǒ gàosu tā.

Student
我来北京以后, 去过很多地方
Wǒ lái Běijīng yǐhòu, qùguo hěn duō dìfang
我回家以后, 给你打电话
Wǒ huíjiā yǐhòu, gěi nǐ dǎ diànhuà
我去过雍和宫以后, 又去了天坛
Wǒ qùguo Yōnghégōng yǐhòu, yòu qùle Tiāntán
我下班以后, 去饭馆吃饭
Wǒ xiàbān yǐhòu, qù fànguǎnr chīfàn
我上次见他以后, 没再看见他
Wǒ shàngcì jiàn tāyǐhòu, méi zài kànjiàn tā
她回来以后, 我告诉她
Tā huílai yǐhòu, wǒ gàosu tā.

3. Phrases with verb + '错 cuò'

dǎcuò le
shuōcuò le
xiěcuò le
kàncuò le
mǎicuò le

4. Phrases with direction + '角 jiǎo'

dōngnán jiǎo
xīnán jiǎo
dōngběi jiǎo
xīběi jiǎo

5. Phrases with period of time + '左右 zuǒyòu'

liù diǎn zuǒyòu
bā diǎn bàn zuǒyòu
yì nián zuǒyòu
sān nián zuǒyòu
wǔge yuè zuǒyòu
bāge yuè zuǒyòu
liǎngge xīngqi zuǒyòu

6. Phrases with '乘 chèng' + transportation

chèng qìchē
chèng huǒchē
chèng fēijī
chèng chuán

7. Arranging where and when to meet

Teacher	Student
你们在哪儿见面？	我们在故宫门口见面.
Nǐmen zài nǎr jiànmiàn?	Wǒmen zài Gùgōng ménkǒu jiànmian.
你和谁？	你和谁在故宫门口见面？
nǐ hé shuí?	Nǐ hé shuí zài Gùgōng ménkǒu jiànmian?
和朋友	我和朋友在故宫门口见面
(wǒ) hé péngyou	Wǒ hé péngyou zài Gùgōng ménkǒu jiànmian
发廊	我和朋友在发廊见面
fàláng	Wǒ hé péngyou zài fàláng jiànmian
我们	我们在发廊里见面
wǒmen	Wǒmen zài fàláng lǐ jiànmiàn
你们	你们在发廊见面

nǐmen

在哪儿?
zài nǎr?

在我家
zài wǒ jiā

不
bù

什么时候?
shénme shíhou?

明天上午九点
míngtiān shàngwǔ jiǔ diǎn

Nǐmen zài fàláng jiànmiàn

你们在哪儿见面?
Nǐmen zài nǎr jiànmiàn?

我们在我家见面
Wǒmen zài wǒ jiā jiànmiàn

我们不在我家见面
Wǒmen bú zài wǒ jiā jiànmiàn.

你们什么时候见面?
Nǐmen shénme shíhou jiànmiàn?

我们明天上午九点见面
Wǒmen míngtiān shàngwǔ jiǔ diǎn jiànmiàn

8. Using '有 yǒu + verb phrase + 的 de'

Teacher

这儿有叫张男的吗?
Zhèr yǒu jiào Zhāng Nán de ma?

这儿没有叫赵晶的?
Zhèr méiyǒu jiào Zhào Jīng de?

这儿有卖小孩儿衣服的吗?
Zhèr yǒu mài xiǎoháir yīfu de ma?

这儿有卖水果的吗?
Zhèr yǒu mài shuǐguǒ de ma?

那儿有卖书的吗?
Nàr yǒu mài shū de ma?

那儿有卖鲜花的吗?
Nàr yǒu mài xiānhuā de ma?

这个商店有卖冰淇淋的吗?
Zhège shāngdiàn yǒu mài bīngqílín de ma?

那个商店有卖鸡蛋的吗?
Nàge shāngdiàn yǒu mài jīdàn de ma?

Student

对不起, 这儿没有叫张男的
Duìbuqǐ, zhèr méi yǒu jiào Zhāng Nán de

对不起, 这儿没有叫赵晶的
Duìbuqǐ, zhèr méiyǒu jiào Zhào Jīng de

对不起, 这儿没有卖小孩儿衣服的
Duìbuqǐ, zhèr méi yǒu mài xiǎoháir yīfu de

对不起, 这儿没有卖水的
Duìbuqǐ, zhèr méi yǒu mài shuǐguǒ de

对不起, 那儿没有卖书的
Duìbuqǐ, nàr méi yǒu mài shū de

对不起, 那儿没有卖鲜花的
Duìbuqǐ, nàr méi yǒu mài xiānhuā de

对不起, 这个商店没有卖冰淇淋的
Duìbuqǐ, zhège shāngdiàn méi yǒu mài bīngqílín de

对不起, 那个商店没有卖鸡蛋的
Duìbuqǐ, nàge shāngdiàn méiyǒu mài jīdàn de

9. Phrases with '约 yuē'

Teacher	Student
约朋友	约朋友
yuē péngyou	yuē péngyou
我约了	我约了一个朋友
wǒ yuēle	Wǒ yuēle yíge péngyou
去吃饭	我约了一个朋友去吃饭
qù chīfàn	Wǒ yuēle yíge péngyou qù chīfàn
今晚	我约了一个朋友今晚去吃饭
jīnwǎn	Wǒ yuēle yíge péngyou jīnwǎn qù chīfàn
约女朋友	约女朋友
yuē nǚ péngyou	yuē nǚ péngyou
我	我约女朋友
wǒ	Wǒ yuē nǚ péngyou
去看电影	我约女朋友去看电影
qù kàn diànyǐng	Wǒ yuē nǚ péngyou qù kàn diànyǐng
一起	我约女朋友一起去看电影
yìqǐ	Wǒ yuē nǚ péngyou yìqǐ qù kàn diànyǐng
要	我要约女朋友一起去看电影
yào diànyǐng	Wǒ yào yuē nǚ péngyou yìqǐ qù kàn diànyǐng

10. Using '我看还是 Wǒkàn háishì …' for suggestions

Teacher	Student
我看还是打车吧, 因为汽车没有直达的	我看还是打车吧, 汽车没有直达的
Wǒkàn háishì dǎchē ba, yīnwéi qìchē méiyǒu zhídá de	Wǒkàn háishì dǎchē ba, qìchē méiyǒu zhídá de
我看还是坐飞机吧, 因为坐飞机快, 也不累	我看还是坐飞机吧, 坐飞机快, 也不累
Wǒkàn háshì zuò fēijī ba, yīnwéi zuò fēijī kuài, yě bú lèi	Wǒkàn háishì zuò fēijī ba, zuò fēijī kuài, yě bú lèi
我看还是走上去吧, 因为电梯出问题了	我看还是走上去吧, 电梯出问题了
Wǒkàn háishì zǒu shàngqu ba, yīnwéi diàntī chū wèntí le	Wǒkàn háishì zǒu shàngqu ba, diàntī chū wèntí le
我看还是你去吧, 因为我去不方便	我看还是你去吧, 我去不方便
Wǒkàn háishì nǐ qù ba, yīnwéi wǒ qù bù fāngbiān.	Wǒkàn háishì nǐ qù ba, wǒ qù bù fāngbiān.

我看还是走吧, 因为他不会来的
Wǒkàn háishì zǒu ba, yīnwéi tā bú huì lái de
我看还是下星期再去吧, 因为现在刮大风了
Wǒkàn háishì xià xīngqī zài qù ba, yīnwéi xiànzài guā dà fēng le

我看还是走吧, 他不会来的
Wǒkàn háishì zǒu ba, tā bú huì lái de
我看还是下星期再去吧, 现在刮大风了
Wǒkàn háishì xià xīngqī zài qù ba, xiànzài guā dà fēng le

11. Fluency checkpoint

You call a friend to invite him or her to come to a concert with you. Imagine a conversation similar to the one in this lesson, write it down, practice it and record it.

32.4. Dialogue

大卫:	喂,请找一下张男.
Dàwèi:	Wèi, qǐng zhǎo yíxià Zhāng Nán.
对方:	你打错了, 这儿没有叫张男的.
Duìfāng:	Nǐ dǎcuò le, zhèr méi yǒu jiào Zhāng Nán de.
大卫:	噢, 对不起. …喂, 请问, 这里是张男家吗?
Dàwèi:	O, duìbuqǐ. … Wéi, qǐngwèn, zhèlǐ shì Zhāng Nán jiā ma?
对方:	是,您是哪位?
Duìfāng:	Shì, nín shì nǎwèi?
大卫:	我是他的同学, 他在家吗?
Dàwèi:	Wǒ shì tā de tóngxué, tā zài jiā ma?
对方:	在, 不过他正在睡觉. 如果你有要紧事,我叫醒他.请别挂电话
Duìfāng:	Zài, búguò tā zhèng zài shuìjiào. Rúguǒ nǐ yǒu yàojǐn shì, wǒ jiàoxǐng tā. Qǐng bié guà diànhuà.
大卫:	不, 不, 我没有要紧事. 别去叫他. 我一小时以后再打. …喂, 是李燕家吗?
Dàwèi:	Bù, bù, wǒ méiyǒu yàojǐn shì. Bié qù jiào tā. Wǒ yì xiǎoshí yǐhòu zài dǎ. Wéi, shì Lǐ Yàn jiā ma?
对方:	是
Duìfāng:	Shì.
大卫:	她在吗?
Dàwèi:	Tā zài ma?
对方:	她不在, 一小时以前出去了. 您是……?
Duìfāng:	Tā bú zài, yì xiǎoshí yǐqián chūqu le. Nín shì……?
大卫:	我是她的同事. 我可以给她留言吗?
Dàwèi:	Wǒ shì tā de tóngshì. Wǒ kěyǐ gěi tā liúyán ma?

对方:	可以. 等一等, 我去拿笔. .... 您说吧.
Duìfāng:	Kěyǐ, děngyiděng, wǒ qù ná bǐ. ... nín shuō ba.
大卫:	请您让她回来以后,给我回电话.我叫大卫.她知道我的电话号码
Dàwèi:	Qǐng nín ràng tā huílái hou, gěi wǒ huí diànhuà. Wǒ jiào Dàwèi. Tā zhīdào wǒ de diànhuà hàomǎ.
对方:	好吧. 她回来以后, 我告诉她.
Duìfāng:	Hǎo ba. Tā huílai hòu, wǒ gàosù tā.
李燕:	喂, 大卫, 你刚才给我打电话了?
Lǐ Yàn:	Wéi, Dàwèi, nǐ gāngcái gěi wǒ dǎ diànhuà le?
大卫:	对. 我有两张'李查德·马克斯'演唱会的票, 你去听吗?
Dàwèi:	Duì. Wó yǒu liǎngzhāng 'Lǐchádé•Mǎkèsī' (Richard Marks) yǎnchànghuì de piào, nǐ qù tīng ma?
李燕:	真的?! 太好了! 我非常喜欢听他的歌儿.
Lǐ Yàn:	Zhēn de?! Tài hǎo le! Wǒ fēicháng xǐhuan tīng tā de gē.
大卫:	我知道你很喜欢. 所以给你打电话.
Dàwèi:	Wǒ zhīdao nǐ xǐhuan. Suóyǐ gěi nǐ dǎ diànhuà.
李燕:	谢谢你! 哪天的?
Lǐ Yàn:	Xièxie nǐ! Nǎtiān de?
大卫:	明天晚上七点半的. 在工人体育馆
Dàwèi:	Míngtiān wǎnshang qī diǎn bàn de. Zài Gōngréntǐyùguǎn.
李燕:	我们怎么去? 打车还是乘公共汽车?
Lǐ Yàn:	Wǒmen zěnme qù? Dǎchē háishì chèng gōnggòng qìchē?
大卫:	你说呢?
Dàwèi:	Nǐ shuō ne?
李燕:	我看还是打车吧. 汽车没有直达的, 不太方便.
Lǐ Yàn:	Wǒkàn háishì dǎchē ba. Qìchē méiyǒu zhídá de, bù tài fāngbian.
大卫:	好吧, 我们在哪儿见面?
Dàwèi:	Hǎoba, wǒmen zài nǎr jiànmiàn?
李燕:	在东直门桥东南角儿. 我六点五十左右在那儿等你
Lǐ Yàn:	Zài Dōngzhímén qiáo dōngnán jiǎo. Wǒ liù diǎn wǔshí zuǒyòu zài nàr děng nǐ.
大卫:	好, 明天六点五十见!
Dàwèi:	Hǎo, míngtiān liù diǎn wǔshí jiàn!

Translation of dialogue

David: Hello, can I speak to Zhang Nan?
Other 1: You've got the wrong number. There's no one here called Zhang Nan.

David:	Sorry. ... Excuse me, is that Zhang Nan's place?
Other 2:	Yes. Who's that, please?
David:	I'm a colleague of his. Is he home?
Other 2:	Yes, but he's asleep. I'll wake him up if it's important. Don't hang up.
David:	No no, it's not that important; don't wake him up. I'll call again in an hour. ... Hello? Is that Li Yan's home?
Other 3:	Yes.
David:	Is she in?
Other 3:	No, she went out an hour ago. Who's that?
David:	I'm a colleague of hers. Can I leave her a message?
Other 3:	Sure, go ahead.
David:	Could you ask her to call me when she comes back? I'm David; she knows my number.
Other 3:	OK, I'll tell her when she comes back.
Li Yan:	Hello, David.. Did you call me just now?
David:	That's right. I have two tickets for the Richard Marx concert. Would you like to go?
Li Yan:	Really? That's great! I really like listening to his songs.
David:	I knew you liked [him] – that's why I called you..
Li Yan:	Thanks! What day is it?
David:	Tomorrow evening at 7:30, in the Workers' Stadium.
Li Yan:	How shall we get there – by taxi or bus?
David:	What do you think?
Li Yan:	In my opinion we'd better go by taxi. There's no direct bus line, so it's not very convenient..
David:	OK. Where shall we meet?
Li Yan:	At the south-east corner of the Dongzhimen flyover. I'll expect you at about 6:50
David:	OK. See you tomorrow at 6:50.

32.5. Communicative and Visualization activities

1. Vocabulary

Visualize and project the image of the words and phrases one by one on the screen, meanwhile feel the meaning of it.

错	cùo	我看	wǒkàn
噢	Òu!	打车	dǎchē
睡觉	shuìjiào	乘	chèng
同事	tóngshì	公共	gōnggòng
留言	liúyán	直达	zhídá
要紧	yàojǐn	见面	jiànmiàn
醒	xǐng	角	jiǎo
挂	guà	左右	zuǒyòu
号码	hàomǎ	张	zhāng
演唱会	yǎnchànghuì	工人体育馆	Gōngréntǐyùguǎn

2. Other communicative activities

- Say what they did after leaving school, after graduating, before coming to China, before leaving their house this morning etc. Then ask each other in pairs, and take notes
- Use pictures of a neighborhood to ask questions about what facilities there are
- Dialogues (role-plays) in pairs, where one person calls to speak to a friend, and either calls a wrong number or finds the friend is out – similar to the first part of the dialogue in this lesson
- Discuss different types of music and singers, and who you would most like to see if they

came to China – how much you would pay for a ticket etc.
- Dialogues (role plays) where you invite each other to go to the concert with the singer of their choice. Give details of the musician, when and where the concert is, how much the tickets are, where to meet, etc.
- At the end, one student from each pair reports to the other students

32.6. Songs and games

- A team game using a picture of a neighborhood or town or map
- A Chinese version of a Richard Marks song

LESSON 33 WHEN THINGS DON'T WORK

33.1. Summary

Structures and functions

1. Problems and smells ('毛病 máobing, 坏了 huàile,, 味儿 wèir)

2. Talking about consequences with '正因 zhèng yīnwéi … 才 cái'

3. Using '够 gòu' + adjective

4. Responses using '其实 Qíshí …'

5. Questions with '厉害 lìhai' and answers with '够 gòu'

6. Statements with '怪不得 Guàibudé'

Vocabulary

坏了	huàile	broken
浴室	yùshì	bathroom
水管	shuǐguǎn	waterpipe
漏	lòu	to leak
厕所	cèsuǒ	toilet; W.C
毛病	máobing	problem; trouble

味儿	wèir	smell
修	xiū	to repair; to mend
卧室	wòshì	bedroom
水龙头	shuǐlóngtou	faucet; tap
管用	guǎnyòng	to work; working
不管用	bùguǎnyòng	not working
其实	qíshí	actually; in fact
搬	bān	to move
换	huàn	to change; to exchange
石头	shítou	stone
奇怪	qíguài	strange
弄	nòng	to handle; to do; to make
扔	rēng	to throw (away)

33.2. Warm-up

- Key language points from the last few lessons
- Talk about where you live, and what you do if you have a problem or something in your apartment is broken

33.3. Intensive practice

1. Problems and smells ('毛病 máobing, 坏了 huàile,, 味儿 wèir)

yǒu máobing	huàile	yǒu wèir
diànnǎo yǒu máobing	diànnǎo huàile	cèsuǒ yǒu wèir
shuǐguǎn yǒu máobing	chē hàile	yùshì yǒu wèir
diànshìjī yǒu máobing	diànshìjī huàile	chúfáng yǒu wèir
nǐ yǒu máobìng	shuǐlóngtou huàile	wòshì yǒu wèir
nàge rén yǒu máobing		

2. Talking about consequences with '正因 zhèng yīnwéi … 才 cái'

正因为没有人住, 才容易坏
Zhèng yīnwéi méiyǒu rén zhù, cái róngyi huài

正因为厕所堵了, 房间里才有味儿

Zhèng yīnwéi cèsuǒ dǔle, fángjiānli cái yǒu wèir

正因为你工作做得不好, 才出问题

Zhèng yīnwéi nǐ gōngzuò zuòde bù hǎo, cái chū wèntǐ

正因为你说不想去, 我才让她去的

Zhèng yīnwéi nǐ shuō bù xiǎng qù, wǒ cái ràng tā qù de

正因为便宜, 所以才不好

Zhèng yīnwéi piányi, suǒyǐ cái bù hǎo

3. Using 'gòu' + adjective

gòu lìhai de
gòu huài de
gòu dà de
gòu rè de
gòu cháng de

4. Responses using '其实 Qíshí …'

Teacher	Student
可能时间太长了.	其实时间不长, 我刚搬来一年.
Kěnéng shíjiān tài cháng le.	Qíshí shíjiān bù cháng, wǒ gāng bānlai yìnián.
你要去参加那个会议？	其实我不想去, 可是必须去.
Nǐ yào qù cānjiā nàge huìyì?	Qíshí wǒ bù xiǎng qù, kěshì bìxū qù.
你一定学了很长时间中文.	其实我刚学了一年.
Nǐ yídìng xuéle hěncháng shíjiān Zhōngwén.	Qíshí wǒ gāng xuéle yìnián.
好像老板不喜欢我说的.	其实你说的不错.
Hǎoxiàng lǎobǎn bù xǐhuan wǒ shuō de.	Qíshí nǐ shuōde búcuò
你为什么不接我的电话	其实你不懂我的心.
Nǐ wèishénme bù jiē wǒ de diànhuàn?	Qíshí nǐ bù dǒng wǒ de xīn.
你为什么让她走了	其实我很喜欢她.
Nǐ wèishénme ràng tā zǒule?	Qíshí wǒ hěn xǐhuan tā.

5. Questions with '厉害 lìhai' and answers with '够 gòu'

Teacher	Student
厕所堵得厉害吗？	堵得够厉害的

Cèsuǒ dǔde lìhai ma?
水管漏得厉害吗?
Shuǐguǎn lòu de lìhai ma?
今天车堵得厉害吗？
Jīntiān chē dǔde lìhai ma?
张先生病得厉害吗？
Zhāng xiānsheng bìngde lìhai ma?
你的车坏得厉害吗？
Nǐ de chē huàide lìhai ma?

Dǔde gòu lìhai de
漏得够厉害的
Lòu de gòu lìhai de
堵得够厉害的
Dǔde gòu lìhai de
病得够厉害的
Bìngde gòu lìhai de
坏得够厉害的
Huàide gòu lìhai de

6. Statements with '怪不得 Guàibudé'

Teacher

里面有一个小石头
Lǐmian yǒu yíge xiǎo shítou.
上半年我一直在日本
Shàng bàn nián wǒ yìzhí zài Rìběn
我已经吃了很多东西了
Wǒ yǐjīng chīle hěn duō dōngxi le
他的太太是中国人
Tā de tàitai shì Zhōngguó rén
今天老板来了
Jīntiān lǎobǎn lái le
我没骑车去,我是打的去的
Wǒ méi qíchē qù, wǒ shì dǎdī qù de
玛丽昨天发烧了
Mǎlì zuótiān fāshāo le
我的男朋友在上海
Wǒ de nán péngyou zài Shànghǎi
最近我没在北京
Zuìjìn wǒ méi zài Běijīng
下个月我要结婚
Xiàge yuè wǒ yào jiéhūn

Student

怪不得厕所堵了
Guàibudé cèsuǒ dǔ le
怪不得一直没看见你
Guàibudé yìzhí méi kànjiàn nǐ
怪不得你不饿
Guàibudé nǐ bú è
怪不得他的汉语说得这么好
Guàibudé tā de hànyǔ shuōde zhème hǎo
怪不得他们还在开会
Guàibudé tāmen hái zài kāihuì
怪不得你回来得这么快
Guàibudé nǐ huílaide zhème kuài
怪不得她昨天没来上课
Guàibude tā zuótiān méi lái shàngkè
怪不得你那么想去上海
Guàibudé nǐ nàme xiǎng qù Shànghǎi
怪不得你家总是没人接电话
Guàibudé nǐ jiā zǒngshì méirén jiē diànhuà
怪不得你最近这么高兴
Guàibudé nǐ zuìjìn zhème gāoxìng

7. Fluency checkpoint *(Make up sentences using the following new words)*

坏了　huàile
于是　yùshì
毛病　máobing
修　　xiū
卧室　wòshì
管用　guǎnyòng
换　　huàn
石头　shítou
奇怪　qíguài
扔　　rēng

33.4. Dialogue

大卫:	喂,是办公室吗？
Dàwèi:	Wèi, shì bàngōngshì ma?
工人:	对,什么事?
Gōngrén:	Duì, shénme shì?
大卫:	我是B座508号,我家浴室的水管和厕所有毛病了.
Dàwèi:	Wǒ shì B zuò 508 hào. Wǒ jiā yùshì de shuǐguǎn hé cèsuǒ yǒu máobing le.
工人:	什么毛病？
Gōngren:	Shénme máobing?
大卫:	水管漏水,厕所有点儿堵,现在浴室里很味儿. 你能来修修吗？
Dàwèi:	Shuǐguǎn lòushuǐ, cèsuǒ yǒudiǎnr dǔ. Xiànzài yùshìli hěn wèir, nǐ néng lái xiūxiu ma?
工人:	好的,我马上过去.
Gōngrén:	Hǎode, wǒ mǎshàng guòqu.
大卫:	您好,请进！
Dàwèi:	Nín hǎo, qǐng jìn!
工人:	浴室在哪儿? 水管漏得厉害吗?
Gōngrén:	Yùshì zài nǎr? Shuǐguǎn lòude lìhai ma?
大卫:	在卧室里,漏得够厉害的. 您看看吧.
Dàwèi:	Zài wòshì lǐ. Lòude gòu lìhai de. Nín kànkan ba.
工人:	这个水龙头不管用了,可能用的时间太长了. 得换个新的.
Gōngrén:	Zhège shuǐlóngtou bù guǎnyòng le. Kěnéng yòng de shíjiān tài cháng le, děi huàn

	ge xīn de.
大卫:	其实时间不长, 我刚搬来一年. 我搬来以前没有人住这儿.
Dàwèi:	Qíshí shíjiān bù cháng, wǒ gāng bānlai yìnián. Wǒ bānlái yǐqián méiyǒu rén zhù zhèr.
工人:	正是因为没有人住, 才容易坏. ......水龙头换好了.
Gōngrén:	Zhèngshì yīnwéi méiyǒu rén zhù, cái róngyi huài. Shuǐlóngtóu huànhǎo le.
大卫:	换好了? 你再看看厕所为什么堵？
Dàwèi:	Huànhǎo le? Nǐ zài kànkan cèsuǒ wèi shénme dǔ?
工人:	哎呀, 怪不得呢！有一个小石头.
Gōngrén:	Ai yā, guàibudé ne! Yǒu yíge xiǎo shítou.
大卫:	真奇怪！怎么会有小石头呢？……
Dàwèi:	Zhēn qíguài! Zěnme huì yǒu xiǎo shítou ne?
工人:	好了, 石头已经弄出来, 扔到外面了.
Gōngrén:	Hǎo le, shítou yǐjīng nòng chūlai, rēng dào wàimian le.

Translation of dialogue

David:	Hello? Is that the office?
Workman:	Yes, what is it?
David:	I'm calling from Room 508 in Building B. There's a problem with a water pipe and the toilet in my bathroom.
Workman:	What sort of problem?
David:	The pipe leaks, and the toilet's blocked, so now the bathroom's very smelly. Could you come and have a look ?
Workman:	OK. I'll come straight away.
David:	Come in!
Workman:	Where's the bathroom? Is the pipe leaking badly?
David:	In the bedroom. It's quite serious – please take a look.
Workman:	This faucet doesn't work. Maybe it's been used for too long; it needs to be changed.
David:	Actually it hasn't been that long. I just moved in a year ago, and nobody was living here before I came.
Workman:	That's it: because nobody was using it, it could easily fail. There – the tap's changed now.
David:	Changed already? So could you please check the toilet and see why it's blocked.
Workman:	Ah, no wonder it's blocked! There's a little stone inside.
David:	That's strange. How come there's a stone?
Workman:	It's OK. Now I've picked the stone up and thrown it outside.

33.5. Communicative and Visualization activities

1. Vocabulary

Visualize and project the image of the words and phrases one by one on the screen, meanwhile feel the meaning of it.

坏了	huàile	味儿	wèir	其实	qíshí
浴室	yùshì	修	xiū	搬	bān
水管	shuǐguǎn	卧室	wòshì	换	huàn
漏	lòu	水龙头	shuǐlóngtou	石头	shítou
厕所	cèsuǒ	管用	guǎnyòng	奇怪	qíguài
毛病	máobing	不管用	bùguǎnyòng	弄	nòng
		味儿	wèir	扔	rēng

2. Other communicative activities

- Practice the names of the different rooms in a house using a picture; say what furniture there is in each room
- Describe their own apartment: how many rooms, what's in the rooms, how long you've been living there, who (if anyone) lived there before, and where you lived beforehand

- Ask each other the same questions in pairs, and at the end report about their partners.
- Talk about pictures of damaged or broken objects using the phrases from this lesson
- Dialogues in pairs: 'call' your partner to describe problems and ask your partner to fix them
- Now report to the teacher or the other students, describing the problem and saying how it was 'fixed'

33.6. Songs and games

- A team memory game based on a house with its rooms and furniture
- A song about troubles and problems

LESSON 34   OPENING A BANK ACCOUNT

34.1. Summary

Structures and functions

1. '怎样才能 Zěnyàng cáinéng' + V. + O. + ne? (How can I ... ?)
   For example: Zěnyàng cáinéng zài qǔkuǎnjīshang qǔqián ne?

2. '你最好 Nǐ zuìhǎo' + V. + O.
   For example: Nǐ zuìhǎo bàn yíge xìnyòngkǎ.

3. Expressions related to money

4. Per cent and per thousand

5. Emphasizing the location with '那儿 nàr' and '这儿 zhèr'

6. Responses with '要不 Yàobu … 还得 hái děi …'

7. Statements with '看情况 Kàn qíngkuàng' and '如果 rúguǒ'

Vocabulary

机器	jīqì	machine
换成	huànchéng	change (money) to
取	qǔ	to fetch; to take out

取钱	qǔqián	to take out money
取款机	qǔkuǎnjī	cash machine; ATM
收	shōu	to charge; to collect (money)
账户	zhànghù	bank account
手续费	shǒuxùfèi	service charge; fee
看情况	kàn qíngkuàng	it depends
本地	běndì	locality; local
外地	wàidì	other place; not local
千分之	qiān fēnzhī	‰ (per thousand)
最低	zuìdī	lowest
办	bàn	to go through; to arrange (procedures or formalities)
借记卡	jièjìkǎ	bank (ATM) card
排队	páiduì	to queue up; to wait in line
麻烦	máfan	trouble
总是	zǒngshì	always
信用卡	xìnyòngkǎ	credit card

34.2. Warm-up

- Key language points from the last few lessons
- Talk about your experiences of banks in China (whether you often go there to change or take out money, and whether you have to queue)

34.3. Intensive practice

1. Questions with '怎样才能 Zěnyàng cái néng …?' and suggested responses with 'Nǐ zuìhǎo…'

Teacher
怎样才能在取款机上取钱呢？(办借记卡)
Zěnyàng cái néng zài qǔkuǎnjī shang qǔqián ne? (Bàn jièjìkǎ.)
怎样才能在外地取钱呢？(办信用卡)
Zěnyàng cái néng zài wàidì qǔqián ne? (Bàn xìnyòngkǎ)

Student
你最好办一个借记卡
Nǐ zuìhǎo bàn yíge jièjìkǎ
你最好办一个信用卡
Nǐ zuìhǎo bàn yíge

xìnyòngkǎ

怎样才能学好中文呢？(去学校)
Zěnyàng cái néng xuéhǎo Zhōngwén ne? (Qù xuéxiào)

怎样才能找到他呢？(去他的公司)
Zěnyàng cái néng zhǎodào tā ne? (Qù tā de gōngsī)

怎样才能在北京开车呢？(去问他吧)
Zěnyàng cái néng zài Běijīng kāichē ne? (Qù wèn tā ba)

怎样才能让她高兴呢？(去问他吧)
Zěnyàng cái néng ràng tā gāoxìng ne? (Sòng tā xiānhuā)

你最好去学校
Nǐ zuìhǎo qù xuéxiào

你最好去他的公司
Nǐ zuìhǎo qù tā de gōngsī

你最好去问他吧
Nǐ zuìhǎo qù wèn tā ba

你最好送她鲜花
Nǐ zuìhǎo sòng tā xiānhuā

2. Expressions related to money

qǔkuǎnjī   huànqián
shōu shǒuxùfèi   huànchéng měiyuán ($)
kāi zhànghù   huànchéng Rìyuán (Y)
bàn xìnyòngkǎ   huànchéng ōuyuán (€)
bàn jièjìkǎ   huànchéng yīngbàng (£)
                   huànchéng gǎngbì (HK$)
                   huànchéng rénmínbì

3. Per cent and per thousand

千分之八	qiān fēnzhī bā	8‰
千分之五	qiān fēnzhī wǔ	5‰
百分之五十	bǎi fēnzhī wǔshí	50%
百分之十	bǎi fēnzhī shí	10%
千分之三	qiān fēnzhī sān	3‰
百分之二十五	bǎi fēnzhī èrshiwǔ	25%
千分之一	qiān fēnzhī yī	1‰
百分之九十八	bǎi fēnzhī jiǔshibā	98%

4. Emphasizing the location with '那儿 nàr' and '这儿 zhèr'

到机器那儿拿号
Dào jīqì nàr ná hào

到我这儿来

Dào wǒ zhèr lái
到我那儿 去
Dào wǒ nàr qù
去王府井 那儿买东西
Qù Wángfǔjǐng nàr mǎi dōngxi
来王府井 这儿买东西
Lái Wángfǔjǐng zhèr mǎi dōngxi
在东直门那儿 换车
Zài Dōngzhímén nàr huànchē
在老板那儿 吃的饭
Zài lǎobǎn nàr chī de fàn
在我妈那儿 过的春节
Zài wǒ mā nàr guò de chūnjié

5. Emphasising location with '那儿 nàr (2 – complete sentences)

我们那儿的西瓜可甜了
Wǒmen nàr de xīguā kě tián le
上海那儿的衣服不错
Shànghǎi nàr de yīfu búcuò
海南那儿的风景可漂亮了
Hǎinán nàr de fēngjǐng kě piàoliang le
他们那儿的空气可真好
Tāmen nàr de kōngqì kě zhēn hǎo

6. Responses with '要不 Yàobu ... 还得 hái děi ...'

Teacher
办一个借记卡,你就可以在取款机上取钱了.
Bàn yíge jièjìkǎ, nǐ jiù kěyǐ zài qǔkuǎnjī shang qǔqián le.
现在可以在网上买火车票了.
Xiànzài kěyǐ zài wǎngshang mǎi huǒchē piào le.

我找到合适的阿姨了.

Student
太好了! 要不, 总是来银行, 还得排队
Tài hǎo le! Yàobu, zǒngshì lái yínháng, hái děi páiduì.
太方便了! 要不总是去火车站, 还得排队
Tài fāngbian le! Yàobu zǒngshì qù huǒchē zhàn, hái děi páiduì

太好了! 要不总是你洗东西, 还得去买菜

Wǒ zhǎodào héshì de Āyí le.

现在我会说很多汉语了.
Xiànzài wǒ huì shuō hěn duō hànyǔ le.

Tài hǎo le! Yàobu zǒngshì nǐ xǐ dōngxi, hái děi qù mǎi cài

以后你买东西方便多了. 要不总是很麻烦, 还得问我

yǐhòu nǐ mǎi dōngxi fāngbian duō le,
Yàobu zǒngshì hěn máfan, hái děi wèn wǒ

7. Statements with '看情况 Kàn qíngkuàng' and '如果 rúguǒ'

Teacher	Student
在取款机上取钱收不收手续费？(本地, 外地) Zài qǔkuǎnjī shang qǔqián shóu bu shōu shǒuxùfèi? (běndì, wàidì)	看情况. 如果在本地, 不收；如果在外地, 收. Kàn qíngkuàng. Rúguǒ zài běndì, bù shōu; rúguǒ zài wàidì, shōu.
这个周末我们去不去爬山？(刮风, 不刮风) Zhège zhōumò wǒmen qù bu qù páshān? (guāfēng, bù guāfēng)	看情况. 如果刮风, 不去; 如果不刮风去 Kàn qíngkuàng. Rúguǒ guāfēng, bu qù; rúguǒ bù guāfēng, qù
明天你去不去上班？(发烧, 不发烧) Míngtiān nǐ qù bu qù shàngbān? (Fāshāo, bù fāshāo)	看情况. 如果发烧，不去; 如果不发烧去 Kàn qíngkuàng. Rúguǒ fāshāo, bu qù; rúguǒ bù fāshāo, qù
小孩子坐飞机怎么买票？(到十二岁, 不到十二岁) Xiǎo háizi zuò fēijī zěnme mǎi piào? (dào shí'èr suì, bú dào shí'èr suì)	看情况. 如果到十二岁, 买票；如果不到十二岁, 不买票 Kàn qíngkuàng. Rúguǒ dào shí'èr suì, mǎi piào; rúguǒ bú dào shí'èr suì, bù mǎi piào
一般高速公路收费是多少？(大车, 小车) Yìbān gāosù gōnglù shōufèi shì duōshǎo? (dàchē, xiǎochē)	看情况. 如果是大车, 收三十；如果是小车, 收二十. Kàn qíngkuàng. Rúguǒ shì dàchē, shōu sān shí; rúguǒ shì xiǎochē, shōu èrshí
今年你结不结婚？(找到工作, 没找到工作) Jīnnián nǐ jiē bu jiēhūn? (zhǎodào gōngzuò, méi zhǎodào gōngzuò)	看情况. 如果找到工作, 结婚; 如果没找到工作, 不结婚 Kàn qíngkuàng. Rúguǒ zhǎodào gōngzuò, jiēhūn; rúguǒ méi zhǎodào gōngzuò, bu jiēhūn
你明年还在不在中国工作？(老板需要	看情况. 如果老板需要我, 我在; 如果不需

我, 不需要我)
Nǐhái xiǎng bu xiǎng zài Zhōngguó gōngzuò? (lǎobǎn xūyào wǒ, bù xūyào wǒ)
你今年买不买车？(钱够, 钱不够)
Nǐ jīnnián mǎi bu mǎi chē? (qián gòu, qián búgòu)

要我, 我不在
Kàn qíngkuàng. Rúguǒ lǎobǎn xūyào wǒ, wǒ zài; rúguǒ bù xūyào wǒ, wǒ bùzài
看情况. 如果钱够, 买; 如果钱不够不买
Kàn qíngkuàng. Rúguǒ qián gòu, mǎi; rúguǒ qián búgòu, bu mǎi

8. Fluency checkpoint (*Make up sentences using the following new words and expressions*)

取款机	qǔkuǎnjī
开帐户	kāi zhànghù
办信用	bàn xìnyòngkǎ
换钱	huànqián
换成美圆	huànchéng měiyuán
百分之二十五	bǎi fēnzhī èrshiwǔ
手续费	shǒuxùfèi
看情况	kàn qíngkuàng
最低	zuìdī
排队	páiduì

34.4. Dialogue

麦克: 小姐, 我换人民币.
Màikè: Xiǎojiě, wǒ huàn rénmínbì.

职员: 先生, 您拿号了吗？请到机器那儿拿号.
Zhíyuán: Xiānsheng, nín ná hào le ma? Qǐng dào jīqì nàr ná hào.

麦克: 对不起, 我不知道. … 你好, 我取一千美元, 再换成人民币.
Màikè: Duìbuqǐ, wǒ bù zhīdào. … Nǐ hǎo, wǒ qǔ yìqiān měiyuán, zài huànchéng rénmínbì.

职员: 先生, 您的护照.
Zhíyuán: Xiānsheng, nín de hùzhào.

麦克: 给你. 姐, 问你一下, 我可以开一个人民币账户吗？
Màikè: Gěi nǐ. Xiǎojiě, wèn nǐ yíxià, wǒ kěyǐ kāi yíge rénmínbì zhànghù ma?

职员: 可以.

Zhíyuán: Kěyǐ.
麦克: 如果我在取款机上取钱收手续费吗？
Màikè: Rúguǒ wǒ zài qǔkuǎnjī shàng qǔqián shōu shǒuxùfèi ma?
职员: 看情况. 如果您在本地取, 不收手续费; 如果在外地, 收.
Zhíyuán: Kàn qíngkuàng. Rúguǒ nín zài běndì qǔ, bù shōu shǒuxùfèi, rúguǒ zài wàidì, shōu.
麦克: 收多少？
Màikè: Shōu duōshǎo?
职员: 千分之二. 但是最低十块钱.
Zhíyuán: Qiān fēn zhī èr. Dànshì zuìdī shíkuài qián.
麦克: 好吧, 我开一个人民币账户. 怎么才能在取款机上取钱呢？
Màikè: Hǎoba, wǒ kāi yíge rénmínbì zhànghù. Zěnme cái néng zài qǔkuǎnjī shang qǔqián ne?
职员: 我给您办一个借记卡, 就行了.
Zhíyuán: Wǒ gěi nín bàn yíge jièjìkǎ, jiù xíng le.
麦克: 这可太方便了！要不, 总是到银行来, 还得排队, 太麻烦了.
Màikè: Zhè kě tài fāngbiàn le! Yàobù, zǒngshì dào yínháng lái, hái děi páiduì, tài máfan le.
职员: 对了, 您经常出差吗？如果经常出差, 您最好办一个信用卡.
Zhíyuán: Duìle, nín jīngcháng chūchāi ma? Rúguǒ jīngcháng chūchāi, nín zuìhǎo bàn yíge xìnyòngkǎ.
麦克: 信用卡和借记卡有什么不一样吗？
Màikè: Xìnyòngkǎ hé jièjìkǎ yǒu shénme bùyíyàng ma?
职员: 您在商店买东西的时候, 信用卡和借记卡都可以用, 可是借记卡不能在外地取钱.
Zhíyuán: Nín zài shāngdiàn mǎi dōngxi de shíhou, xìnyòngkǎ hé jièjìkǎ dōu kěyǐ yòng, kěshì jièjìkǎ bù néng zài wàidì qǔqián.
麦克: 那我还是办一个信用卡吧. 我经常去外地出差.
Màikè: Nà wǒ háishì bàn yíge xìnyòngkǎ ba. Wǒ jīngcháng qù wàidì chūchāi.

Translation of dialogue
Mike: Miss – I'd like to change some renminbi.
Clerk: Did you get a ticket, sir? Please take one from the machine over there.
Mike: Sorry, I didn't realize… Hello. I'd like to take out a thousand dollars, and change them into renminbi.
Clerk: Your passport please, sir.
Mike: Here you are. Excuse me Miss, can I open an RMB account?
Clerk: Sure.
Mike: If I withdraw money from an ATM will I have to pay a service charge?
Clerk: It depends: not if you take money out from a local [branch]. But you will if it's not local.

Mike:	How much?
Clerk:	Two yuan per thousand, but the minimum is ten yuan.
Mike:	OK, I'll open an RMB account. How do I take out money from an ATM?
Clerk:	I'll arrange an ATM card for you. It's easy.
Mike:	That's really convenient! Otherwise I always have to come to the bank, and stand in line too – it's really annoying.
Clerk:	By the way, do you often travel on business? If you do, you'd better apply for a credit card.
Mike:	What's the difference between a credit card and an ATM card?
Clerk:	You can use either of them to pay when you go shopping, but you can't take out money with a cash card outside [the city].
Mike:	I'd better apply for a credit card, then, as I often travel outside [the city] on business.

34.5. Communicative and Visualization activities

1. Vocabulary

Visualize and project the image of the words and phrases one by one on the screen, meanwhile feel the meaning of it.

机器	jīqì	本地	běndì
换成	huànchéng	外地	wàidì
取	qǔ	千分之	qiān fēnzhī
取钱	qǔqián	最低	zuìdī
取款机	qǔkuǎnjī	办	bàn
收	shōu	借记卡	jièjìkǎ
账户	zhànghù	排队	páiduì
手续费	shǒuxùfèi	麻烦	máfan
看情况	kàn qíngkuàng	总是	zǒngshì
		信用卡	xìnyòngkǎ

2. Other communicative activities

- The teacher asks the students for advice about how to do things using pictures
- Now practise the same situations in pairs – and add to them
- The teacher writes numbers on the board and asks you to say the percentage in Chinese
- Practice the names of the various currencies using a map of the world
- Talk about the exchange rates for your own and other currencies against the RMB
- Role-plays in which you exchange various quantities of their own currency for RMB
- Talk about the differences between various kinds of bank and credit card

34.6. Songs and games

- A guessing game based on countries and currencies
- A song about money

LESSON 35   LOOKING FOR A JOB

35.1. Summary

Structures and functions

1. S + '被 bèi' + V. (passive without agent)
   For example: Tā bèi lùqǔ le
                  Háizi bèi jiēzǒu le

2. S + '被 bèi' + somebody + V. (passive with agent)
   For example: Tā bèi bàoshè lùqǔ le
                  Háizi bèi tā māma jiēzǒu le

3. Using '一下 yíxià' for short or polite requests

4. Talking about locations with '在 zài … 上 shang / 里 lǐ'

5. Phrases with '有关 yǒuguān …'

6. Applying for jobs using 'zhàopìn 招聘' and 'yìngpìn 应聘'

7. Statements with '这么说 Zhème shuō …'

Vocabulary

简单	jiǎndān	simple
介绍	jièshào	to introduce
招聘	zhāopìn	to advertise or invite applications for a job
应聘	yìngpìn	to apply for a job
大学	dàxué	college; university
系	xì	faculty; university department
毕业	bìyè	to graduate
家	jiā	measure word for company, etc.
报纸	bàozhǐ	newspaper
文字	wénzì	writing; written language
文化	wénhuà	culture
有关	yǒuguān	about; concerning
报道	bàodào	(news) report; to broadcast
报社	bàoshè	news agency
了解	liáojiě	to understand
情况	qíngkuàng	situation; circumstances
接受	jiēshòu	to accept
申请	shēnqǐng	application; to apply
被	bèi	(passive form)
录取	lùqǔ	to recruit; to hire
加利福尼亚	Jiālìfúníyà	California
洛杉矶	Luòshānjī	Los Angeles
编辑	biānjí	editor
文字编辑	wénzì biānjí	copy editor
摄影编辑	shèyǐng biānjí	photo editor
翻译	fānyì	translator; interpreter; to translate
英文翻译	Yīngwén fānyi	English translator
中文翻译	Zhōngwén fānyi	Chinese translator
主任	zhǔrèn	director

35.2. Warm-up
- Key language points from the last few lessons
- Talk about your experiences of looking for jobs in China

35.3. Intensive practice

1. Passive form of the verb with '被 bèi'

Teacher	Student
她被录取了	她被报社录取了
Tā bèi lùqǔ le	Tā bèi bàoshè lùqǔ le
孩子被接走了	孩子被他妈妈接走了
Háizi bèi jiēzǒu le	Háizi bèi tā māma jiēzǒu le
他被接受了	他被女朋友接受了
Tā bèi jiēshòu le	Tā bèi nǚ péngyou jiēshòu le
我的钥匙被拿走了	我的钥匙被谁拿走了?
Wǒ de yàoshi bèi názǒu le	Wǒ de yàoshi bèi shuí názǒu le?
我的钥匙被忘在家里了	我的钥匙被我忘在家里了
Wǒ de yàoshi bèi wàng zài jiālǐ le	Wǒ de yàoshi bèi wǒ wàng zài jiālǐ le
小石头被弄出来了	小石头被我弄出来了
Xiǎo shítou bèi nòng chūlai le	Xiǎo shítou bèi wǒ nòng chūlai le
小石头被扔到外面了	小石头被我扔到外面了
Xiǎo shítou bèi rēng dào wàimian le	Xiǎo shítou bèi wǒ rēngdào wàimiàn le

2. Using '一下 yíxià' for short or polite requests

jièshào yíxià
wǒ lái jièshào yíxià
tīng yíxià
nǐ lái tīng yíxià

3. Talking about locations with '在 zài … 上 shang / 里 lǐ'

zài bàozhǐ shang	zài fángjiān lǐ
zài diànshì shang	zài chē lǐ
zài lù shang	zài chúfáng lǐ
zài fēijī shang	

zài chē shang

4. Phrases with '有关 yǒuguān …'

yǒuguān Zhōngguó de bàodào
yǒuguān Zhōngguó de shū
yǒuguān yīnyuè de shū
yǒuguān shèyǐng de shū
yǒuguān tā de xiāoxi
yǒuguān nàlǐ de xīnwén

5. Fluency practice – various phrases

Teacher	Student
请你介绍一下	请你介绍一下
Qǐng nǐ jièshào yíxia	Qǐng nǐ jièshào yíxia
简单	请你简单介绍一下
jiǎndān	Qǐng nǐ jiǎndān jièshào yíxia
用中文	请你用中文简单介绍一下
yòng zhōngwén	Qǐng nǐ yòng zhōngwén jiǎndān jièshào yíxia
我 看到 报道	我看到报道
Wǒ kàndào bàodào	Wǒ kàndào bàodào
中国的	我看到中国的报道
Zhōngguó de	Wǒ kàndào Zhōngguó de bàodào
有关	我看到有关中国的报道
yǒuguān	Wǒ kàndào yǒuguān Zhōngguó de bàodào
在电视, 报纸上	我在电视, 报纸上看到有关中国的报道
zài diànshì, bàozhǐ shang	Wǒ zài diànshì, bàozhǐ shang kàndào yǒuguān Zhōngguó de bàodào
有关他的情况	有关他的情况
yǒuguān tā de qíngkuàng	yǒuguān tā de qíngkuàng
我听到	我听到有关他的情况
wǒ tīngdào	Wǒ tīngdào yǒuguān tā de qíngkuàng
从朋友那儿	我从朋友那儿听到有关他的情况
cóng péngyou nàr	Wǒ cóng péngyou nàr tīngdào yǒuguān tā de qíngkuàng

他们公司的情况
tāmen gōngsī de qíngkuàng
有关
yǒuguān
我看到
wǒ kàndào
在网上
zài wǎngshang

他们公司的情况
tāmen gōngsī de qíngkuàng
有关他们公司的情况
yǒuguān tāmen gōngsī de qíngkuàng
我看到有关他们公司的情况
Wǒ kàndào yǒuguān tāmen gōngsī de qíngkuàng
我在网上看到有关他们公司的情况
Wǒ zài wǎngshang kàndào yǒuguān tāmen gōngsī de qíngkuàng

有关你们国家的情况
yǒuguān nǐmen guójiā de qíngkuàng
我听到
wǒ tīngdào
在大街上
zài dàjiēshang

有关你们国家的情况
yǒuguān nǐmen guójiā de qíngkuàng
我听到有关你们国家的情况
Wǒ tīngdào nǐmen guójiā de qíngkuàng
我在大街上听到有关你们国家的情况
Wǒ zài dàjiēshang tīngdào yǒuguān nǐmen guójiā de qíngkuàng

6. Applying for jobs using 'zhàopìn 招聘' and 'yìngpìn 应聘'

Teacher	Student
报社, 文字编辑 bàoshè, wénzì biānjí	听说你们报社正在招聘一名文字编辑. 我来应聘 Tīngshuō nǐmen bàoshè zhèngzài zhàopìn yìmíng wénzì biānjí. Wǒ lái yìngpìn.
公司, 经理 gōngsī, jīnglǐ	听说你们公司正在招聘一名经理. 我来应聘 Tīngshuō nǐmen gōngsī zhèngzài zhàopìn yìmíng jīnglǐ. Wǒ lái yìngpìn
学校, 老师 xuéxiào, lǎoshī	听说你们学校正在招聘一名老师. 我来应聘 Tīngshuō nǐmen xuéxiào zhèngzài zhàopìn yìmíng lǎoshī. Wǒ lái yìngpìn
公司, 司机 gōngsī, sījī	听说你们公司正在招聘一名司机. 我来应聘 Tīngshuō nǐmen gōngsī zhèngzài zhàopìn yìmíng sījī. Wǒ lái yìngpìn.
发廊, 师傅 fàláng, shīfu	听说你们发廊正在招聘一名师傅. 我来应聘 Tīngshuō nǐmen fàláng zhèngzài zhàopìn yìmíng shīfu. Wǒ lái

	yìngpìn.
大使馆, 秘书 dàshǐguǎn, mìshu	听说你们大使馆正在招聘一名秘书. 我来应聘 Tīngshuō nǐmen dàshǐguǎn zhèngzài zhàopìn yìmíng mìshu. Wǒ lái yìngpìn.
大学, 主任 dàxué, zhǔrèn	听说你们大学正在招聘一名主任. 我来应聘 Tīngshuō nǐmen dàxué zhèngzài zhàopìn yìmíng zhǔrèn. Wǒ lái yìngpìn.
银行, 职员 yínháng, zhíyuán	听说你们银行正在招聘一名职员. 我来应聘 Tīngshuō nǐmen yínháng zhèngzài zhàopìn yìmíng zhíyuán. Wǒ lái yìng pìn.

7. Statements with '这么说 Zhème shuō …'

Teacher	Student A	Student B
需要你这样的人, 被录取了. xūyào nǐ zhèyang de rén, bèi lùqǔ le	真太好了! 我们正需要你这样的人呢. Zhēn tài hǎo le! Wǒmen zhèng xūyào nǐ zhèyang de rén ne.	这么说, 我被录取了. Zhème shuō, wǒ bèi lùqǔ le.
找旅伴, 可以一起去云南了 zhǎo lǚbàn, kěyǐ yìqǐ qù Yúnnán le.	真太好了! 我正找旅伴呢. Zhēn tài hǎo le! Wǒ zhèng zhǎo lǚbàn ne.	这么说, 我们可以一起去云南了. Zhème shuō, wǒmen kěyǐ yìqǐ qù Yúnnán le.
想翻译这本书, 你也喜欢这本书 xiǎng fānyì zhèběn shū, nǐ yě xǐhuan zhèběn shū	真太好了! 我正想翻译这本书呢. Zhēn tài hǎo le! Wǒ zhèng xiǎng fānyì zhèběn shū ne.	这么说, 你也喜欢这本书. Zhème shuō, nǐ yě xǐhuan zhè běn shū.
想出去玩儿一玩儿, 你不喜欢在家 xiǎng chūqu wánryiwánr, nǐ bù xǐhuan zài jiā	真太好了! 我正想出去玩儿一玩儿呢. Zhēn tài hǎo le! Wǒ zhèng xiǎng chūqu wánryiwánr ne.	这么说, 你不喜欢在家. Zhème shuō, nǐ bù xǐhuan zài jiā.
在找工作, 你接受这个工作了 zài zhǎo gōngzuò, nǐ jiēshòu zhège gōngzuò le	真太好了! 我正在找工作呢. Zhēn tài hǎo le! Wǒ zhèng zài zhǎo gōngzuò ne.	这么说, 你接受这个工作了. Zhème shuō, nǐ jiēshòu zhège gōngzuò le.

8. Fluency checkpoint

Interview someone who has applied for a job in your company or organisation

35.4. Dialogue

李柯:	你好, 张主任, 听说你们报社正在招聘一名英文翻译, 我来应聘.
Lǐkē:	Nǐhǎo, Zhāng zhǔrèn, tīngshuō nǐmen bàoshè zhèngzài zhāopìn yìmíng Yīngwén fānyì, wǒ lái yìngpìn.
张:	你是怎么知道我们报社正在招聘的?
Zhāng:	Nǐ shì zěnme zhīdào wǒmen bàoshè zhèngzài zhāopìn de?
李柯:	我是在报纸上看到的.
Lǐkē:	Wǒ shì zài bàozhǐ shang kàndào de.
张	好吧. 请你用中文简单介绍一下你自己.
Zhāng:	Hǎoba. Qǐng nǐ yòng Zhōngwén jiǎndān jièshào yíxià nǐ zìjǐ.
李柯:	好的. 我是美国人, 家住洛杉矶, 我在加利福尼亚大学中文系毕业. 今年二十八岁
Lǐkē:	Hǎode. Wǒ shì Měiguórén, jiā zhù Luòshānjī, wǒ zài Jiālìfúníyà dàxúe Zhōngwén xì bìyè. Jīnnián èrshibā suì.
张:	你在美国做过什么工作?
Zhāng:	Nǐ zài Měiguó zuòguo shénme gōngzuò?
李柯:	在美国时, 我是洛杉矶一家报社的文字编辑.
Lǐkē:	Zài Měiguó shí, wǒ shì Luòshānjī yìjiā bàoshè de wénzì biānjí.
张:	你为什么来中国?
Zhāng:	Nǐ wèi shénme lái Zhōngguó?
李柯:	我在电视、报纸上看到有关中国的报道. 我很喜欢中国、中国文化. 我准备写一本有关中国的书, 所以决定来中国生活几年, 了解这里的情况.
Lǐkē:	Wǒ zài diànshì、bàozhǐ shang kàndào yǒuguān Zhōngguó de bàodào. Wǒ hěn xǐhuan Zhōngguó、Zhōngguó wénhuà. Wǒ zhǔnbèi xiě yìběn yǒuguān Zhōngguó de shū, suóyǐ juédìng lái Zhōngguó shēnghuó jǐ nián, liáojiě zhèlǐ de qíngkuàng.
张:	真太好了! 我们正需要你这样的人.
Zhāng:	Zhēn tài hǎo le! Wǒmen zhèng xūyào nǐ zhèyàng de rén.
李柯:	这么说, 你接受我的申请了?
Lǐkē:	Zhème shuō, nǐ jiēshòu wǒ de shēnqǐng le?
张:	是的. 李柯, 你被录取了.
Zhāng:	Shì de. Lǐkē, nǐ bèi lùqǔ le.
李柯:	谢谢你, 张主任! 我明天就可以上班.
Lǐkē:	Xièxie nǐ, Zhāng zhǔrèn! Wǒ míngtiān jiù kěyǐ shàngbān.

Translation of dialogue

Rick: Hello, Mr. Zhang (Manager Zhang). I heard that your agency is looking for an English translator. I've come to apply for the job.

Zhang: How did you know we were (our agency was) looking for someone right now?

Rick: I saw it in a newspaper.

Zhang: OK. Can you please introduce yourself briefly in simple Chinese.

Rick: Alright. I'm American; I come from Los Angeles. I'm a graduate of the Chinese Language Department of California University, and I'm twenty-eight this year.

Zhang: What work did you do in the United States?

Rick: I used to be a copy editor in a news agency in Los Angeles.

Zhang: Why did you come to China?

Rick: I read reports about China on TV and in the newspapers. I like China, and Chinese culture, and I'm planning to write a book about China. So I decided to come and live in China for a few years so as to find out about the situation here.

Zhang: That's great! We need just your kind of people.

Rick: So you're accepting my application?

Zhang: That's right, Rick. You're hired.

Rick: Thanks, Mr. Zhang. I can start work right away from tomorrow!

35.5. Communicative and Visualization activities

1. Vocabulary

Visualize and project the image of the words and phrases one by one on the screen, meanwhile feel the meaning of it.

简单	jiǎndān	有关	yǒuguān
介绍	jièshào	了解	liáojiě
招聘	zhāopìn	编辑	biānjí
应聘	yìngpìn	文字编辑	wénzì biānjí
大学	dàxué	摄影编辑	shèyǐng biānjí
系	xì	翻译	fānyì
毕业	bìyè	英文翻译	Yīngwén fānyi
家	jiā	中文翻译	Zhōngwén fānyi
报纸	bàozhǐ	主任	zhǔrèn
文字	wénzì	录取	lùqǔ
文化	wénhuà		

2. Other communicative activities

- Describe pictures with situations using the passive with 被 bèi
- Practise polite requests by asking each other to pass you things, open/close the window etc.
- Talk about your own job (or one you would like to do), the kind of company or institution you work in, about the job you did previously
- Now ask each other the same questions in pairs, and report on what your partner said
- Discuss what to say in a job interview, and what sort of questions interviewers normally ask
- Choose one of the jobs already discussed, to be interviewed for. Divide into two groups: interviewers and candidates, who go into separate rooms to prepare what questions to ask and what to say during the interview.
- Now carry out the interviews; the interviewers decide who gets the job, while the candidates compare their experiences
- End by discussing how the 'candidates' performed, whether the questions were fair, and about the interviewers' choice.

35.6. Songs and games

- A game based on jobs and instruments used in those jobs
- A song about the world of work

LESSON 36   MY HOBBIES

36.1. Summary
Structures and functions

1. '除了…, 别的 Chúle ..., biéde' + topic + S + dōu …
   For example: Chúle lí, biéde shuǐguǒ wǒ dōu xǐhuan chī

2. Talking about various subjects using '谈 tán'

3. Phrases with periods of time + '以后 yǐhòu' and '以前 yǐqián'

4. Phrases with '每 měi (个 ge)' + periods of time

5. Saying what you most like (doing) using '最喜欢 zuì xǐhuan' (+ verb)

6. Using '一些 yìxiē' + noun

7. Statements with '几乎 jīhū + 每 měi … 都 dōu …'

Vocabulary

谈	tán	to talk about
爱好	àihào	interest; hobby
寂寞	jìmò	lonely

从不	cóngbù	never (future)
从没	cóngméi	never (past)
比如	bǐrú	for example; such as
等等	děngděng	and so on; etc.
滑雪	huáxuě	to ski
游泳	yóuyǒng	to swim
骑马	qímǎ	to ride a horse
除了… 都	chúle … dōu …	every/all … except/apart from …
摄影	shèyǐng	to take photos; photography
对 … 感兴趣	duì … gǎn xìngqù	to be interested in
兴趣	xìngqù	interest
一直	yìzhí	all the time
几乎	jīhū	almost
家人	jiārén	family (members)
顺便	shùnbiàn	in passing; incidentally; while
愉快	yúkuài	delighted; pleasant
或者	huòzhě	or (in statements)

36.2. Warm-up

- Key language points from the last few lessons
- Talk about your hobbies, and which ones you are able to practice in China

36.3. Intensive practice

1. Talking about various subjects using '谈 tán'

谈爱好	tán àihào	谈运动	tán yùndòng
谈摄影	tán shèyǐng	谈滑雪	tán huáxuě
谈骑马	tán qímǎ	谈兴趣	tán xìngqù

2. Statements with '除了 chúle … 都 dōu …'

| **Teacher** | **Student** |
| 在北京除了滑雪, 别的运动都可以做. | 在北京不能滑雪. |

Zài Běijīng chúle huáxuě, biéde yùndòng dōu kěyǐ zuò.	Zài Běijīng bù néng huáxuě.
除了骑马,别的运动他都不喜欢.	他只喜欢骑马
Chúle qímǎ, biéde yùndòng tā dōu bù xǐhuan.	Tā zhǐ xǐhuan qímǎ.
除了玛丽,别的人都来了.	玛丽没来
Chúle Mǎlì, biéde rén dōu láile.	Mǎlì méilái.
除了东北,别的地方我都去过了.	我没去过东北
Chúle Dōngběi, biéde dìfang wǒ dōu qùguò le.	Wǒ méi qùguo Dōngběi
除了橘子,别的水果我都喜欢吃.	我不喜欢吃橘子
Chúle júzi, biéde shuǐguǒ wǒ dōu xǐhuan chī.	Wǒ bù xǐhuan chī júzi.
除了英语和汉语,别的语言我都不会说.	我只会说英语和汉语
Chúle Yīngyǔ hé Hànyǔ, biéde yǔyán wǒ dōu bú huì shuō.	Wǒ zhǐ huì shuō Yīngyǔ hé Hànyǔ.
除了摄影,别的爱好他都没有.	他只爱好摄影
Chúle shèyǐng, biéde àihào tā dōu méiyǒu.	Tā zhǐ àihào shèyǐng.
除了北京,别的地方她哪儿都不想去.	她只想去北京
Chúle Běijīng, biéde dìfang tā nǎr dōu bù xiǎng qù.	Tā zhǐ xiǎng qù Běijīng.

3. Phrases with periods of time + '以后 yǐhòu' and '以前 yǐqián'

liǎng tiān yǐhòu	liǎng tiān yǐqián
shí nián yǐhòu	shí nián yǐqián
wǔ fēnzhōng yǐhòu	wǔ fēnzhōng yǐqián
bàn xiǎoshí yǐhòu	bàn xiǎoshí yǐqián

4. Phrases with '每 měi (个 ge)' + periods of time

měige zhōumò	měi fēnzhōng
měige xiàtiān	měi tiān
měige xīngqī	měi nián
měige xiǎoshí	měi nián xiàtiān
měige yuè	měi nián sān yuè
měige rén	měi xīngqī sān
měige Xīnnián	měi yuè wǔ hào

5. Saying what you most like doing ('最喜欢 zuì xǐhuan' + verb)

zuì xǐhuan zuò de
zuì xǐhuan chī de

zuì xǐhuan wánr de
zuì xǐhuan kàn de
zuì xǐhuan tīng de
zuì xǐhuan shuō de

6. Using '一些 yìxiē' + noun

yìxiē rén
yìxiē shì
yìxiē shuǐguǒ
yìxiē shūcài
yìxiē wèntí

7. Statements with '几乎 jīhū + 每 měi … 都 dōu …'

Teacher	Student
年, 我, 去旅游 nián, wǒ, qù lǚyóu	几乎每年我都去旅游． Jīhū měinián wǒ dōu qù lǚyóu.
星期六, 她, 不休息 xīngqīliù, tā, bù xiūxi	几乎每星期六她都不休息 Jīhū měi xīngqīliù tā dōu bù xiūxi
天, 他, 睡得很晚 tiān, tā, shuì de hěn wǎn	几乎每天他都睡得很晚 Jīhū měitiān tā dōu shuì de hěn wǎn
月, 老板, 来 yuè, lǎobǎn, lái	几乎每月老板都来 Jīhū měiyuè lǎobǎn dōu lái
人, 喜欢他的歌 rén, xǐhuan tā de gē	几乎每个人都喜欢他的歌 Jīhū měige rén dōu xǐhuan tā de gē
周末, 他们, 带孩子去玩儿 zhōumò, tāmen, dài háizi qù wánr	几乎每周末他们都带孩子去玩儿 Jīhū měi zhōumò tāmen dōu dài háizi qù wánr
人, 很愉快 rén, hěn yúkuài	几乎每个人都很愉快 Jīhū měige rén dōu hěn yúkuài
歌儿, 很好听 gēr, hěn hǎotīng	几乎每个歌儿都很好听 Jīhū měige gēr dōu hěn hǎotīng

8. Talking about what you like best ('我最喜欢 Wǒ zuì xǐhuan …')

Teacher	Student
你最喜欢听的歌是 …'祝你平安'	我最喜欢听的歌是'祝你平安'

nǐ zuì xǐhuan de tīng de gē shì …
'Zhù Nǐ Píng'ān'

你最喜欢吃的菜是..... 广东菜
nǐ zuì xǐhuan chī de cài shi..... Guǎngdōng cài

你最喜欢看的书是..... 鲁迅的书
nǐ zuì xǐhuan kàn de shū shì..... Lǔxùn de shū

你最喜欢打的是...... 网球
nǐ zuì xǐhuandǎ de shì..... wǎngqiú

你最喜欢做的运动是....... 滑雪
nǐ zuì xǐhuan zuò de yùndòng shì..... huáxuě

你最喜欢去玩儿的地方是...... 云南大理
nǐ zuì xǐhuan qù wánr de dìfang shì..... Yúnnán Dàlǐ

Wǒ zuì xǐhuan tīng de gē shì 'Zhù Nǐ Píng'ān'

我最喜欢吃的菜是广东菜
Wǒ zuì xǐhuan chī de cài shi Guǎngdōng cài

我最喜欢看的书是鲁迅的书
Wǒ zuì xǐhuan kàn de shū shì Lǔxùn de shū

我最喜欢打的是网球
Wǒ zuì xǐhuan dǎ de shì wǎngqiú

我最喜欢做的运动是滑雪
Wǒ zuì xǐhuan zuò de yùndòng shì huáxuě

我最喜欢去玩儿的地方是云南大理
Wǒ zuì xǐhuan qù wánr de dìfang shì Yúnnán Dàlǐ

9. More about what you like best

Student A
我最喜欢的运动是游泳.
Wǒ zuì xǐhuan de yùndòng shì yǒuyǒng.

我最喜欢听的歌是'祝你平安'
Wǒ zuì xǐhuan tīng de gē shì 'Zhù Nǐ Píng'an'

你最喜欢吃的菜是广东菜
Nǐ zuì xǐhuan chī de cài shi Guǎngdōng cài

你最喜欢看的书是鲁迅的书
Nǐ zuì xǐhuan kàn de shū shìLǔxùn de shū

你最喜欢打的球是网球
Nǐ zuì xǐhuandǎ de qiú shìwǎngqiú

你最喜欢做的运动是滑雪
Nǐ zuì xǐhuan zuò de yùndòng shìhuáxuě

你最喜欢去玩儿的地方是云南大理
Nǐ zuì xǐhuan qù wánr de dìfang shì

Student B
游泳是我最喜欢的运动.
Yǒuyǒng shì wǒ zuì xǐhuan de yùndòng.

'祝你平安'是我最喜欢听的歌
'Zhù Nǐ Píng'an' shì wǒ zuì xǐhuan tīng de gē

广东菜是我最喜欢吃的菜
Guǎngdōng cài shì wǒ zuì xǐhuan chī de cài

鲁迅的书是我最喜欢看的书
Lǔxùn de shū shì wǒ zuì xǐhuan kàn de shū

网球是我最喜欢打的球
Wǎngqiú shì wǒ zuì xǐhuan dǎ de qiú

滑雪是我最喜欢做的运动
Huáxuě shì wǒ zuì xǐhuan zuò de yùndòng

云南大理是我最喜欢去玩儿的地方
Yúnnán Dàlǐ shì wǒ zuì xǐhuan qù wánr de

Yúnnán Dàlǐ					dìfang

10. Fluency checkpoint *(translate into Chinese)*

I never feel lonely when I'm at home by myself.
She likes all sports except jogging (跑步 pǎobù).
Now the climate is much warmer than it was five years ago.
I saw your job advertisement in a magazine.
Besides singing, swimming and hiking, I'm also very interested in photography.
I'd like to know more about China.

36.4. Listening passage

大家好, 我是露伊莎, 我来自芬兰.
Dàjiā hǎo, wǒ shì Lùyīshā, wǒ láizì Fēnlán.
我和我的先生、孩子来中国已经两年了.
Wǒ hé wǒ de xiānsheng、háizi lái Zhōngguó yǐjīng liǎng nián le.
来中国以后, 我们一直住在北京.
Lái Zhōngguó yǐhòu, wǒmen yìzhí zhù zài Běijīng.
我的先生每天去公司上班, 孩子去 北京国际学校上学.
Wǒ de xiānsheng měitiān qù gōngsī shàngbān, háizi qù Běijīng Guójì Xuéxiào shàngxué.
我常常一个人在家,可是从不寂寞, 因为我有很多爱好.
Wǒ chángcháng yígerén zài jiā, kěshì cóngbú jìmò, yīnwéi wǒ yǒu hěnduō àihao.
我最喜欢做的事情 是运动.
Wǒ zuì xǐhuan zuò de shìqing shì yùndòng.
比如：游泳、打网球、 骑马、滑雪等等.
Bǐrú: yóuyǒng、dǎ wǎngqiú、qímǎ、huáxuě děngděng.
在芬兰的时候, 每年我都和家人 一起去滑雪.
Zài Fēnlán de shíhou, měinián wǒ dōu hé jiārén yìqǐ qù huáxuě.
在北京除了不能滑雪, 别的运动都可以做.
Zài Běijīng chúle bù néng huáxuě, biéde yùndòng dōu kěyǐ zuò.
先生和孩子不在家 的 时 候, 我常一个人出去拍照片, 因为 摄影是我最大的爱好.
Xiānsheng hé háizi bú zài jiā de shíhou, wǒ cháng yígerén chūqù pài zhàopiàn, yīnwéi shèyǐng shì wǒ zuìdàde àihao.
我的先生对摄影也 很感兴趣, 所以几乎每个周末我们俩个都带孩子去公园儿玩儿, 顺便拍一些照片.

Wǒ de xiānsheng duì shèyǐng yě hěn gǎn xìngqù, suǒyǐ jīhū měige zhōumò wǒmen liǎngge dōu dài háizi qù gōngyuánr wánr, shùnbiàn pāi yìxiē zhàopiàn.

我们一家人在北京生活得很愉快.

Wǒmen yìjiārén zài Běijīng shēnghuó de hěn yúkuài.

Translation of listening passage

Hello, everybody. I'm Louisa, and I come from Finland.
My husband, my child and I have already been in China for two years.
Ever since we came to China we've been living in Beijing.
My husband goes to work in a company every day, and my child goes to Beijing International School.
I'm often alone at home, but I never feel lonesome, because I have lots of hobbies.
What I like most is doing sports, such as swimming, playing tennis, horse riding, skiing, and so on.
When we were in Finland, I went skiing every year with my family.
In Beijing we can do every sport apart from skiing.
When my husband and child are out, I often go out by myself to take photos, since photography is my biggest hobby. My husband is very interested in photography too, so almost very weekend we both take the child to play in a park, while we take pictures.
The whole family has a wonderful time in Beijing.

36.5. Communicative and Visualization activities

1. Vocabulary

Visualize and project the image of the words and phrases one by one on the screen, meanwhile feel the meaning of it.

谈	tán	除了… 都	chúle … dōu …
爱好	àihào	摄影	shèyǐng
寂寞	jìmò	对 … 感兴趣	duì … gǎn xìngqù
从不	cóngbù	兴趣	xìngqù
从没	cóngméi	一直	yìzhí
比如	bǐrú	几乎	jīhū
等等	děngděng	家人	jiārén
游泳	yóuyǒng	或者	huòzhě
骑马	qímǎ	滑雪	huáxuě
愉快	yúkuài	顺便	shùnbiàn

2. Other communicative activities

- Say and ask each other what you did before and after coming to China, starting to study Chinese, doing your present job, getting married etc.
- Practice statements about regular habits by talking about yourselves and each other
- Talk about your hobbies, and then discuss each others' hobbies in pairs. Finally, report on your partner
- Talk about photography; ask the teacher questions about some of her photographs
- Write a short passage of their own along the lines of the listening passage in this lesson
- Working in pairs, 'interview' each other about what you have written

- Finally, report on what your partner said

36.6. Songs and games
- Any game which you like
- A song about winter, skiing, skating etc.

LESSON 37   FIRST MEETING

37.1. Summary

Structures and functions

1. Where you were born (生 shēng) and grew up (长 zhǎng)

2. Exclamations with '真 zhēn'

3. Phrases with '…像 xiàng …'

4. Phrases with '免 miǎn' – for example, 'miǎn fèi'

5. Talking about your profession

6. Talking about your nationality and place of origin

7. Saying what you look like (像 xiàng) and what you really are

Vocabulary

招待会	zhāodàihuì	reception
热闹	rènao	bustling; excitement
有名	yǒumíng	famous
成功	chénggōng	success; to succeed

称呼	chēnghu	to call; to address; to be called
外企	wàiqǐ	foreign company
教	jiāo	to teach
看上去	kàn shàngqu	it seems
像	xiàng	to be like; to seem
大家	dàjiā	everyone
地地道道	dìdì dàodào	typical; genuine
生	shēng	to be born; to give birth
长	zhǎng	to grow up
爽快	shuǎngkuài	frank; direct
遇见	yùjiàn	to come across; to run into
号码	hàomǎ	number
名片	míngpiàn	business card
免	miǎn	exempt; don't mention …
免贵	miǎn guì	Don't be so formal
免费	miǎn fèi	Free of charge
免洗	miǎn xǐ	Non-washable (Do not wash)
免烫	miǎn tàng	Non-iron (Do not iron)
免考	miǎn kǎo	Exempt from examination

37.2. Warm-up

- General review of key language from Level 4– especially the last few lessons
- Also talk a bit about jobs and nationalities

37.3. Intensive practice

1. 'Where you were born (生 shēng) and grew up (长 zhǎng)

shēng zài Guǎngdōng   zhǎng zài Běijīng
shēng zài Zhōngguó   zhǎng zài Měiguó
shēng zài wàiguó   zhàng zài zhèli
shēng zài nánfāng   zhǎng zài běifāng

2. Exclamations with '真 zhēn'

Zhēn rènao!
Zhēn kuàilè
Zhēn gāoxìng
Zhēn shuǎngkuai
Zhēn chénggōng

3. Phrases with '…像 xiàng …'

Teacher	Student
我像南方人	我像南方人
Wǒ xiàng nánfāngrén	Wǒ xiàng nánfāngrén
长得	我长得像南方人
zhǎngde	Wǒ zhǎngde xiàng nánfāngrén
大家都说	大家都说我长得像南方人
Dàjiā dōu shuō	Dàjiā dōu shuō wǒ zhǎngde xiàng nánfāngrén
她不像我	她不像我
Tā bú xiàng wǒ	Tā bú xiàng wǒ
长得	她长得不像我
zhǎngde	Tā zhǎngde bú xiàng wǒ
大家都说	大家都说她长得不像我
Dàjiā dōu shuō	Dàjiā dōu shuō tā zhǎngde bú xiàng wǒ
她像她的妈妈, 不像我	她像她的妈妈, 不像我
Tā xiàng tā de māma, bú xiàng wǒ	Tā xiàng tā de māma, bú xiàng wǒ
长得	她长得像她的妈妈, 不像我
zhǎngde	Tā zhǎngde xiàng tā de māma, bú xiàng wǒ
大家都说	大家都说她长得像她的妈妈,不像我
Dàjiā dōu shuō wǒ	Dàjiā dōu shuō tā zhǎngde xiàng tā de māma, bú xiàng wǒ

4. Talking about your profession (1 – what you do)

Teacher	Student A	Student B
老师, 教英文	您做什么工作?	我是老师, 教英文
lǎoshī, jiāo Yīngwén.	Nín zuò shénme gōngzuò?	Wǒ shì lǎoshī, jiāo Yīngwén.

职员, 银行 zhíyuán, yínháng gōngzuò.	您做什么工作? Nín zuò shénme gōngzuò?	我是职员, 在银行工作. Wǒ shì zhíyuán, zài yínháng
医生, 医院 yīshēng, yīyuàn	您做什么工作? Nín zuò shénme gōngzuò?	我是医生, 在医院工作. Wǒ shì yīshēng, zài yīyuàn gōngzuò.
经理, 外企 jīnglǐ, wàiqǐ	您做什么工作? Nín zuò shénme gōngzuò?	我是经理, 在外企工作. Wǒ shì jīnglǐ, zài wàiqǐ gōngzuò.
编辑, 报社 biānjí, baoshè	您做什么工作? Nín zuò shénme gōngzuò?	我是编辑, 在报社工作. Wǒ shì biānjí, zài baoshè gōngzuò.

5. Talking about your profession (2 – where you work)

Teacher	Student A	Student B
老师, 学校 lǎoshī, xuéxiào	您在哪儿工作? Nín zài nǎr gōngzuò?	我是老师, 在学校工作 Wǒ shì lǎoshī, zài xuéxiào gōngzuò.
职员, 银行 zhíyuán, yínháng gōngzuò.	您在哪儿工作? Nín zài nǎr gōngzuò?	我是职员, 在银行工作 Wǒ shì zhíyuán, zài yínháng
医生, 医院 yīshēng, yīyuàn	您在哪儿工作? Nín zài nǎr gōngzuò?	我是医生, 在医院工作 Wǒ shì yīshēng, zài yīyuàn gōngzuò.
经理, 外企 jīnglǐ, wàiqǐ	您在哪儿工作? Nín zài nǎr gōngzuò?	我是经理, 在外企工作 Wǒ shì jīnglǐ, zài wàiqǐ gōngzuò.
编辑, 报社 biānjí, baoshè	您在哪儿工作? Nín zài nǎr gōngzuò?	我是编辑, 在报社工作 Wǒ shì biānjí, zài baoshè gōngzuò.

6. Talking about your nationality or origin (1 – your place of origin)

Teacher	Student A	Student B
上海 Shànghǎi	你是哪儿的人? Nǐ shì nǎr de rén?	我是上海人. Wǒ shì Shànghǎirén.
洛杉矶 Luòshānjī	你是哪儿的人? Nǐ shì nǎr de rén?	我是洛杉矶人 Wǒ shì Luòshānjī rén
伦敦 Lúndūn	你是哪儿的人? Nǐ shì nǎr de rén?	我是伦敦人 Wǒ shì Lúndūn rén
巴黎 Bālí	你是哪儿的人? Nǐ shì nǎr de rén?	我是巴黎人 Wǒ shì Bālí rén

广东	你是哪儿的人？	我是广东人
Guǎngdōng	Nǐ shì nǎr de rén?	Wǒ shì Guǎngdōng rén
哈尔滨	你是哪儿的人？	我是哈尔滨人
Hā'ěrbīn	Nǐ shì nǎr de rén?	Wǒ shì Hā'ěrbīn rén
加拿大	你是哪儿的人？	我是加拿大人
Jiānádà	Nǐ shì nǎr de rén?	Wǒ shì Jiānádà rén
日本	你是哪儿的人？	我是日本人
Rìběn	Nǐ shì nǎr de rén?	Wǒ shì Rìběn rén
罗马	你是哪儿的人？	我是罗马人
Luómǎ	Nǐ shì nǎr de rén?	Wǒ shì Luómǎ rén

7. Talking about your nationality or origin (2 – where you come from)

Teacher	Student A	Student B
上海, 上海人	你从哪儿来？	我从上海来, 我是上海人
Shànghǎi, Shànghǎirén	Nǐ cóng nǎr lái?	Wǒ cóng Shànghǎi lái, wǒ shì Shànghǎirén.
洛杉矶, 美国人	你从哪儿来？	我从洛杉矶来, 我是美国人
Luòshānjī, Měiguórén	Nǐ cóng nǎr lái?	Wǒ cóng Luòshānjī lái, wǒ shì Měiguórén
伦敦, 英国人	你从哪儿来？	我从伦敦来, 我是英国人
Lúndūn, Yīngguórén	Nǐ cóng nǎr lái?	Wǒ cóng Lúndūn lái, wǒ shì Yīngguórén
巴黎, 法国人	你从哪儿来？	我从巴黎来, 我是法国人
Bālí, Fǎguórén	Nǐ cóng nǎr lái?	Wǒ cóng Bālí lái, wǒ shì Fǎguórén
广东, 南方人	你从哪儿来？	我从广东来, 我是南方人
Guǎngdōng, nánfāng rén	Nǐ cóng nǎr lái?	Wǒ cóng Guǎngdōng lái, wǒ shì nánfāng rén
哈尔滨, 北方人	你从哪儿来？	我从哈尔滨来, 我是北方人
Hā'ěrbīn, běifāng rén	Nǐ cóng nǎr lái?	Wǒ cóng Hā'ěrbīn lái, wǒ shì běifāng rén
加拿大, 西方人	你从哪儿来？	我从加拿大来, 我是西方人
Jiānádà, xīfāng rén	Nǐ cóng nǎr lái?	Wǒ cóng Jiānádà lái, wǒ shì xīfāng rén
日本, 东方人	你从哪儿来？	我从日本来, 我是东方人
Rìběn, dōngfāng rén	Nǐ cóng nǎr lái?	Wǒ cóng Rìběn lái, wǒ shì dōngfāng

rén
罗马, 意大利人 你从哪儿来？ 我从罗马来, 我是意大利人
Luómǎ, Yìdàlì rén Nǐ cóng nǎr lái? Wǒ cóng Luómǎ lái, wǒ shì Yìdàlì rén

8. Talking about your nationality or origin (3 – your nationality)

Teacher	Student A	Student B
上海 Shànghǎi	你是哪国人? Nǐ shì nǎguó rén.?	我是中国人 Wǒ shì Zhōngguórén.
洛杉矶 Luòshānjī	你是哪国人? Nǐ shì nǎguó rén?	我是美国人 Wǒ shì Měiguórén
伦敦 Lúndūn	你是哪国人? Nǐ shì nǎguó rén?	我是英国人 Wǒ shì Yīngguórén
巴黎 Bālí	你是哪国人? Nǐ shì nǎguó rén?	我是法国人 Wǒ shì Fǎguórén
广东 Guǎngdōng	你是哪国人? Nǐ shì nǎguó rén?	我是中国人 Wǒ shì Zhōngguórén.
哈尔滨 Hā'ěrbīn	你是哪国人? Nǐ shì nǎguó rén?	我是中国人 Wǒ shì Zhōngguórén.
加拿大 Jiānádà	你是哪国人? Nǐ shì nǎguó rén?	我是加拿大人 Wǒ shì Jiānádà rén
日本 Rìběn	你是哪国人? Nǐ shì nǎguó rén?	我是日本人 Wǒ shì Rìběn rén
罗马 Luómǎ	你是哪国人? Nǐ shì nǎguó rén?	我是意大利人 Wǒ shì Yìdàlì rén

9. Saying what you look like (像 xiàng) and what you are

Teacher	Student
南方人, 北京人. nánfāng rén, Běijīng rén. dàodào	大家都说我像南方人, 可我是地地道道的北京人. Dàjiā dōu shuō wǒ xiàng nánfāng rén, kě wǒ shì dìdì de Běijīng rén.
北方人, 广东人 běifāng rén, Guǎngdōng rén	大家都说我像北方人, 可我是地地道道的广东人 Dàjiā dōu shuō wǒ xiàng běifāng rén, kě wǒ shì dìdì

中国人, 日本人 Zhōngguó rén, Rìběn rén		大家都说我像中国人, 可我是地地道道的日本人 Dàjiā dōu shuō wǒ xiàng Zhōngguó rén, kě wǒ shì dìdì dàodào de Rìběn rén
泰国人, 菲律宾人 Tàiguó rén, Fēilǜbīn rén		大家都说我像泰国人, 可我是地地道道的菲律宾人 Dàjiā dōu shuō wǒ xiàng Tàiguó rén, kě wǒ shì dìdì dàodào de Fēilǜbīn rén
美国人, 西班牙人 Měiguó rén, Xībānyá rén		大家都说我像美国人, 可我是地地道道的西班牙人 Dàjiā dōu shuō wǒ xiàng Měiguó rén, kě wǒ shì dìdì dàodào de Xībānyá rén
法国人, 加拿大人 Fǎguó rén, Jiānádà rén		大家都说我像法国人, 可我是地地道道的加拿大人 Dàjiā dōu shuō wǒ xiàng Fǎguó rén, kě wǒ shì dìdì dàodào de Jiānádà rén
新疆人, 德国人 Xīnjiāng rén, Déguó rén		大家都说我像新疆人, 可我是地地道道的德国人 Dàjiā dōu shuō wǒ xiàng Xīnjiāng rén, kě wǒ shì dìdì dàodào de Déguó rén

10. Talking about your appearances and your origins

Teacher	Student A	Student B
南方人, 北京 nánfāng rén, Běijīng	看上去, 你像是南方人. 你从哪儿来？ Kàn shàngqu, nǐ xiàngshì nánfāng rén. Nǐ cóng nǎr lái?	我从北京来, 我是地地道道的北京人 Wǒ cóng Běijīng lái, wǒ shì dìdì dàodào de Běijīng rén.
北方人, 江苏 běifāng rén, Jiāngsū	看上去, 你像是北方人. 你从哪儿来？ Kàn shàngqu, nǐ xiàngshì běifāng rén. Nǐ cóng nǎr lái?	我从江苏来, 我是地地道道的江苏人 Wǒ cóng Jiāngsū lái, wǒ shì dìdì dàodào de Jiāngsū rén.
香港人, 广东 Xiānggǎng rén, Guǎngdōng	看上去, 你像是香港人. 你从哪儿来？ Kàn shàngqu, nǐ xiàngshì Xiānggǎng rén. Nǐ cóng nǎr lái?	我从广东来, 我是地地道道的广东人 Wǒ cóng Guǎngdōng lái, wǒ shì dìdì dàodào de Guǎngdōng rén.
俄国人, 新疆 Eguó rén, Xīnjiāng	看上去, 你像是俄国人. 你从哪儿来？ Kàn shàngqu, nǐ xiàngshì Eguó rén. Nǐ cóng nǎr lái?	我从新疆来, 我是地地道道的新疆人 Wǒ cóng Xīnjiāng lái, wǒ shì dìdì dàodào de Xīnjiāng rén.

台湾人, 福建 Táiwān rén, Fújiàn	看上去, 你像是台湾人. 你从哪儿来？ Kàn shàngqu, nǐ xiàngshì Táiwān rén. Nǐ cóng nǎr lái?	我从福建来, 我是地地道道的福建人 Wǒ cóng Fújiàn lái, wǒ shì dìdì dàodào de Fújiàn rén.
英国人, 瑞典 Yīngguó rén, Ruìdiǎn	看上去, 你像是英国人. 你从哪儿来？ Kàn shàngqu, nǐ xiàngshì Yīngguó rén. Nǐ cóng nǎr lái?	我从瑞典来, 我是地地道道的瑞典人 Wǒ cóng Ruìdiǎn lái, wǒ shì dìdì dàodào de Ruìdiǎn rén.
新加坡人, 广东 Xīnjiāpō rén, Guǎngdōng	看上去, 你像是新加坡人. 你从哪儿来？ Kàn shàngqu, nǐ xiàngshì Xīnjiāpō rén. Nǐ cóng nǎr lái?	我从广东来, 我是地地道道的广东人 Wǒ cóng Guǎngdōng lái, wǒ shì dìdì dàodào de Guǎngdōng rén.

11. Saying where you were born (生 shēng) and grew up (长 zhǎng) (2)

Teacher	Student
我, 北京, 八、九十年 wǒ, Běijīng, bā, jiǔshí nián	我生在北京、长在北京, 我家在北京已经八、九十年了 Wǒ shēng zài Běijīng, zhǎng zài Běijīng, wǒ jiā zài Běijīng yǐjīng bā, jiǔshí nián le.
她, 中国, 十几年 tā, Zhōngguó, shíjǐ nián	她生在中国, 长在中国, 她家在中国已经十几年了 Tā shēng zài Zhōngguó, zhǎng zài Zhōngguó, tā jiā zài Zhōngguó yǐjīng shíjǐ nián le.
我, 美国, 三十多年 wǒ, Měiguó, sānshí duō nián	我生在美国, 长在美国, 我家在美国已经三十多年了 Wǒ shēng zài Měiguó, zhǎng zài Měiguó, wǒ jiā zài Měiguó yǐjīng sānshí duō nián le.
她, 英国, 一百多年 tā, Yīngguó, yìbǎi duō nián	她生在英国, 长在英国, 她家在英国已经一百多年了 Tā shēng zài Yīngguó, zhǎng zài Yīngguó, tā jiā zài Yīngguó yǐjīng yìbǎi duō nián le.
海边, 五、六十年 hǎibiān, wǔ, liùshí nián	我生在海边, 长在海边, 我家在海边已经五、六十年了 Wǒ shēng zài hǎibiān, zhǎng zài hǎibiān, wǒ jiā zài hǎibiān yǐjīng wǔ, liùshí nián le.
印度, 一百多年 Yìndù, yìbǎi duō nián	我生在印度, 长在印度, 我家在印度已经一百多年了 Wǒ shēng zài Yìndù, zhǎng zài Yìndù, wǒ jiā zài Běijīng yǐjīng yìbǎi duō nián le.
上海, 二、三十年 Shànghǎi, èr, sānshí nián	我生在上海, 长在上海, 我家在上海已经二、三十年了 Wǒ shēng zài Shànghǎi, zhǎng zài Shànghǎi, wǒ jiā zài Shànghǎi

yǐjīng èr, sānshí nián le.

12. Fluency checkpoint *(answer the questions in as many ways as possible)*

你做什么工作？　Nǐ zuò shénme gōngzuò?

你在哪儿工作？　Nǐ zài nǎr gōngzuò?

你从哪儿来？　　Nǐ cóng nǎr lái?

你是哪儿的人？　Nǐ shì nǎr de rén?

你是哪国人？　　Nǐ shì nǎguó rén?

你是在哪儿生的？ Nǐ shì zài nǎr shēng de?

你是在哪儿长的？ Nǐ shì zài nǎr zhǎng de?

37.4. Dialogue

赵：　今天的招待会真热闹，来了这么多人．

Zhào:　Jīntiān de zhāodàihuì zhēn rènnào, láile zhème duō rén.

朋友：很多都是很有名的人．这个招待会办得很成功．你应该去认识一些新朋友．

Péngyou: Hěn duō dōu shì hěn yǒumíng de rén. Zhège zhāodàihuì bànde hěn chénggōng. Nǐ yīnggāi qù rènshi yìxiē xīn péngyou.

赵：　先生，您贵姓？

Zhào:　Xiānsheng, nín guìxìng?

王：　免贵姓王．请问您怎么称呼？

Wáng:　Miǎn guì, xìng Wáng. Qǐngwèn, nín zěnme chēnghu?

赵：　我姓赵，叫赵晶．王先生，您做什么工作？

Zhào:　Wǒ xìng Zhào, jiào Zhào Jīng. Wáng xiānsheng, nín zuò shénme gōngzuò?

王：　我在外企工作，是公司经理．赵小姐，你呢？你在哪儿工作？

Wáng:　Wǒ zài wàiqǐ gōngzuò, shì gōngsī jīnglǐ. Zhào xiǎojiě, nǐ ne? Nǐ zài nǎr gōngzuò?

赵：　我是老师，教英文．

Zhào:　Wǒ shì lǎoshī, jiāo Yīngwén.

王：　赵老师，看上去，你像是南方人．你从哪儿来？

Wáng:　Zhào lǎoshī, kàn shàngqu, nǐ xiàng shì nánfāng rén. Nǐ cóng nǎr lái?

赵：　大家都说我像南方人，可我是地地道道的北京人．我生在北京、长在北京，我家在北京已经八、九十年了．

Zhào:　Dàjiā dōu shuō wǒ xiàng nánfāng rén, kě wǒ shì dìdì dàodào de Běijīng rén. Wǒ shēng zài Běijīng, zhǎng zài Běijīng. Wǒ jiā zài Běijīng yǐjīng bā, jiǔshí nián le.

王：　赵老师，你真爽快！今天遇见你真高兴．希望以后再见到你．

Wáng: Zhào lǎoshī, nǐ zhēn shuǎngkuài! Jīntiān yùjiàn nǐ zhēn gāoxìng. Xīwàng yǐhòu zài jiàndào nǐ.

赵: 这是我的电话, 你可以打这个号码.

Zhào: Zhè shì wǒ de diànhuà, nǐ kěyǐ dǎ zhège hàomǎ.

王: 谢谢！这是我的名片.

Wáng: Xièxie! Zhè shì wǒ de míngpiàn.

Translation of dialogue

Zhao: Today's reception is really bustling; lots of people have come.

Friend: Many of them are very famous. This reception is really successfully organized; you'd better go and make some new friends.

Zhao: Excuse me sir, may I ask your [noble] name?

Wang: No need to say 'noble' [to be so formal]; my surname is Wang. What are you called?

Zhao: My surname's Zhao; my name is Zhao Jing. What work do you do, Mr. Wang?

Wang: I work in a foreign company; I'm a manager. What about you, Ms. Zhao – where do you work?

Zhao: I'm a teacher. I teach English.

Wang: Teacher Zhao, from appearances you seem to be a Southerner. Where are you from?

Zhao: Everybody says I seem like a southerner, but I'm a native Beijinger. I was born in Beijing and I grew up in Beijing. My family have lived in Beijing for eighty or ninety years.

Wang: Teacher Zhao, you're very direct! I'm so happy to have run into you today. I hope I can see you again some time.

Zhao: This is my telephone number. You can phone this number.

Wang: Thank you! Here's my business card.

37.5. Communicative and Visualization activities

1. Vocabulary

Visualize and project the image of the words and phrases one by one on the screen, meanwhile feel the meaning of it.

招待会	zhāodàihuì	教	jiāo	名片	míngpiàn
热闹	rènao	看上去	kàn shàngqu	免	miǎn
有名	yǒumíng	像	xiàng	免贵	miǎn guì
成功	chénggōng	大家	dàjiā	免费	miǎn fèi
称呼	chēnghu	地地道道	dìdì dàodào	免洗	miǎn xǐ
外企	wàiqǐ	生	shēng	免烫	miǎn tàng
爽快	shuǎngkuài	长	zhǎng	免考	miǎn kǎo
号码	hàomǎ	遇见	yùjiàn		

2. Other communicative activities

- Revise the names of the countries and languages, using a map of the world
- The teacher tells you about his/her origins, and you ask questions
- Now guess and then interview your fellow-students about their origins. In the end report on your partner
- Using pictures, talk about jobs and where people work
- Ask each other the same questions, also asking about the place of work, their hours of work, which days you have off, etc.
- In groups of three, ask each other the same questions, building up a 'profile' of each group. Report on what you found

37.6. Songs and games

- A team guessing game based on flags, countries and languages
- A song about a particular region of China

LESSON 38 WHAT'S TODAY'S EXCHANGE RATE?

38.1. Summary

Structures and functions

1. Repetition of verb and '了 le' with expressions of time

2. Talking about changing money and official documents

3. Phrases with '该 gāi … 了 le'

4. Saying what people came to do

5. Conversational responses with '多 duō' and '少 shǎo'

6. Other useful conversational responses

7. Expressing a strong feeling or opinion with '可不 kě bù …'

Vocabulary

自从	zìcóng	(ever) since
办 (理)	bàn (lǐ)	to conduct; to go through (formalities)
到期	dàoqī	to become due; to expire
续	xù	continuous; to extend

汇率	huìlǜ	(foreign) exchange rate
清楚	qīngchu	clear
敢	gǎn	dare
假币	jiǎbì	fake currency
傻	shǎ	silly; stupid
窗口	chuāngkǒu	counter (in a bank etc.)
储蓄	chǔxù	saving(s)
存	cún	to deposit money in a bank
身份证	shēnfènzhèng	ID card
密码	mìmǎ	confidential code; PIN
必须	bìxū	must
取钱	qǔqián	take out money
存钱	cúnqián	deposit money
换钱	huànqián	change money
假币	jiǎbì	counterfeit currency (bills)
真币	zhēnbì	authentic (genuine) bills
外币	wàibì	foreign currency
人民币	rénmínbì	Chinese (people's) currency
汇率	huìlǜ	exchange rate
信用卡	xìnyòngkǎ	credit card
身份证	shēnfènzhèng	ID card
开帐户	kāi zhànghù	open an account

38.2. Warm-up

- Key language points from the last few lessons
- Say if you've often been to banks in China, and what your experience is of changing money here
- Say how long you've been studying Chinese and/or living in China

38.3. Intensive practice

1. Repetition of verb and '了 le' with expressions of time

Teacher   **Student**

我, 排队, 两个小时	我排队排了两个小时了
wǒ, páiduì, liǎngge xiǎoshí	Wǒ páiduì páile liǎngge xiǎoshí le
他, 吃饭, 半天	他吃饭吃了半天
tā, chīfàn, bàntiān	Tā chīfàn chīle bàntiān
他, 等我, 半个多小时	他等我等了半个多小时
tā, děng wǒ, bàngeduō xiǎoshí	Tā děng wǒ děngle bàngeduō xiǎoshí
这儿, 堵车, 四十分钟	这儿堵车堵了四十分钟
zhèr, dǔchē, sìshí fēnzhōng	Zhèr dǔchē děngle sìshí fēnzhōng
她, 学中文, 三年	她学中文学了三年
tā, xué zhōngwén, sān nián	Tā xué zhōngwén xuéle sān nián
孩子, 看书, 很长时间	孩子看书看了很长时间
háizi, kànshū, hěn cháng shíjiān	Háizi kànshū kànle hěn cháng shíjiān
我, 游泳, 一个多小时	我游泳游了一个多小时
wǒ, yóuyǒng, yígeduō xiǎoshí	Wǒ yóuyǒng yóule yígeduō xiǎoshí
她, 出差, 好几天	她出差出了好几天
tā, chūchāi, hǎo jǐ tiān	Tā chūchāi chūle hǎo jǐ tiān
她, 发烧, 两天	她发烧烧了两天了
tā, fāshāo, liǎng tiān	Tā fāshāo shāole liǎng tiān le
我, 工作, 八年	我工作做了八年了
wǒ, gōngzuò, bā nián	Wǒ gōngzuò zuòle bā nián le

2. Talking about changing money

huànqián
huàn wàibì
huàn rénmínbì
huàn ōuyuán
huàn měiyuán
huàn gǎngbì

3. Phrases with '该 gāi … 了 le'

该你了, 你想说什么？
Gāi nǐ le, nǐ xiǎng shuō shénme?
该你了, 你跳一个舞吧
Gāi nǐ le, nǐ tiào yíge wǔ ba

该你了, 你唱一个歌儿吧
Gāi nǐ le, nǐ chàng yíge gēr ba
该他了, 他还没说呢
Gāi tā le, tā hái méi shuō ne
该我们了, 我们上去吧
Gāi wǒmen le, wǒmen shàngqu ba
该谁了？谁还没说呢？
Gāi shuí le? Shuí hái méi shuō ne?
该她了, 她等了半天了
Gāi tā le, tā děngle bàntiān le
该你了, 我已经说完了
Gāi nǐ le, wǒ yǐjīng shuōwán le

4. Saying what people came to do

Teacher	Student A	Student B
你, 取钱 nǐ, qǔqián	你来做什么？ Nǐ lái zuò shénme?	我来取钱. Wǒ lái qǔ qián.
大卫, 换人民币 Dàwèi, huàn rénmínbì	大卫来做什么？ Dàwèi lái zuò shénme?	大卫来换人民币 Dàwèi lái huàn rénmínbì
我妈妈, 看我 wǒ māma, kàn wǒ	你妈妈来做什么？ Nǐ māma lái zuò shénme?	我妈妈来看我 Wǒ māma lái kàn wǒ
他, 开账户 tā, kāi zhànghù	他来做什么？ Tā lái zuò shénme?	他来开账户 Tā lái kāi zhànghù
我的同事, 存钱 wǒ de tongshì, cúnqián	你的同事来做什么？ Nǐde tóngshì lái zuò shénme?	我的同事来存钱 Wǒ de tóngshì lái cúnqián
你的先生, 找你 nǐde xiānsheng, zhǎo nǐ	你的先生来做什么？ Nǐde xiānsheng lái zuò shénme?	我的先生来找我 Wǒde xiānsheng lái zhǎo wǒ
我的老板, 开会 wǒde lǎobǎn, kāihuì	你的老板来做什么？ Nǐde lǎobǎn lái zuò shénme?	我的老板来开会 Wǒde lǎobǎn lái kāihuì
我的朋友, 出差 wǒde péngyou, chūchāi	你的朋友来做什么？ Nǐde péngyou lái zuò shénme?	我的朋友来出差 Wǒde péngyou lái chūchāi
我, 办理信用卡 wǒ, bànlǐ xìnyòngkǎ	你来做什么？ Nǐ lái zuò shénme?	我来办理信用卡 Wǒ lái bànlǐ xìnyòngkǎ
她, 学习	她来做什么？	她来学习

tā, xuéxí   Tā lái zuò shénme?   Tā lái xuéxí

5. Conversational responses with '多 duō' and '少 shǎo'

Teacher	Student
这个银行人很多.	这个银行人总是很多.
Zhège yínháng rén hěn duō.	Zhège yínháng rén zǒngshì hěn duō.
北京, 上海人很多	大城市人都很多
Běijing, Shànghǎi rén hěn duō	Dà chéngshì rén dōu hěn duō
这儿人挺多	那儿人少
Zhèr rén tǐng duō	Nàr rén shǎo
那个公园花儿很漂亮	那个公园人也不太多
Nàge gōngyuán huār hěn piàoliang	Nàge gōngyuán rén yě bú tài duō
现在北京花,草,树很多	可是以前很少
Xiànzài Běijing huā, cǎo, shù hěn duō	Kěshì yǐqián hěn shǎo
现在周末长城人不多	冬天哪儿人都不太多
Xiànzài zhōumò Chángchéng rén bùduō	Dōngtiān nǎr rén dōu bú tài duō
他们家人很多	我家人也不少
Tāmenjiā rén hěn duō	Wǒjiā rén yě bùshǎo
你们公司人很多	我们公司人不太多
Nǐmen gōngsī rén hěn duō	Wǒmen gōngsī rén bú tài duō

6. Expressing a strong feeling or opinion with '可不 kě bù …'

Teacher	Student
你为什么不去黑市换？	我可不敢去黑市换.
Nǐ wèishénme bú qù hēishì huàn?	Wǒ kě bù gǎn qù hēishì.
你为什么不看那个电影？	我可不敢看那个电影
Nǐ wèishénme bú kàn nàge diànyǐng?	Wǒ kě bù gǎn kàn nàge diànyǐng
你为什么不去上学？	我可不敢一个人去
Nǐ wèishénme bú qù shàngxué?	Wǒ kě bù gǎn yígerén qù
你为什么不和先生一起去？	我可不喜欢去那儿.
Nǐ wèishénme bù hé xiānsheng yìqǐ qù?	Wǒ kě bù xǐhuan qù nàr
你为什么不和他结婚？	我可不想和他结婚
Nǐ wèishénme bù hé tā jiéhūn?	Wǒ kě bù xiǎng hé tā jiéhūn
你为什么不和我一起去？	我可不想和你一起去

Nǐ wèishénme bù hé wǒ yìqǐ qù?   Wǒ kě bù xiǎng hé nǐ yìqǐ qù

7. Practical dialogues

1 – CHANGING DOLLARS TO RENMINBI

A: 先生, 我想换美元.
   Xiānsheng, wǒ xiǎng huàn měiyuán
B: 您换多少？
   Nín huàn duōshǎo?
A: 今天的汇率是多少？
   Jīntiān de huìlǜ shì duōshǎo?
B: 今天的汇率是: 一 美元换八点二七三八人民币
   Jīntiān de huìlǜ shì: yì měiyuán huàn bā diǎn èr qī sān bā rénmínbì

2 – CHANGING RENMINBI TO DOLLARS

A: 小姐, 我换人民币.
   Xiǎojiě, wǒ huàn rénmínbì.
B: 你换多少？
   Nǐ huàn duōshǎo?
A: 我换两百美元的 (人民币).
   Wǒ huàn liǎng bǎi měiyuán de (rénmínbì).

3 – FINDING OUT WHICH COUNTER

A: 小姐, 我办信用卡, 在几号窗口？
   Xiǎojiě, wǒ bàn xìnyòngkǎ, zài jǐhào chuāngkǒu?
B: 对面 – 五号窗口.
   Duìmiàn – wǔhào chuāngkǒu.

8. Fluency checkpoint *(make sentences using these phrases)*

自从上个月   Zìcóng shàngge yuè …

… 过得快呀！ … guòde kuài yà!

我来办理 …   Wǒ lái bànlǐ …

… 到期了   dàoqī le

今天的汇率   jīntiān de huìlǜ

不清楚   bu qīngchu

去黑市	qù hēishì
我可不敢	Wǒ kě bù gǎn …
该你了!	Gāi nǐ le!
存钱	cún qián

38.4. Dialogue

赵晶:	咦,你不是大卫吗？
Zhào Jīng:	Yí, nǐ bú shì Dàwèi ma?
大卫:	你是赵晶？自从上个月在珍妮家聚会, 到现在有一个月多了.
Dàwèi:	Nǐ shì Zhào Jīng? Zìcóng shàngge yuè zài Zhēnní jiā jùhuì, dào xiànzài yǒu yíge duō yuè le.
赵晶:	时间过得真快呀！你来取钱吗?
Zhào Jīng:	Shíjiān guòde zhēn kuài yà! Nǐ lái qǔqián ma?
大卫:	不, 我来换人民币. 你来做什么？
Dàwèi:	Bù, wǒ lái huàn Rénmínbì. Nǐ lái zuò shénme?
赵晶:	我来办理信用卡.
Zhào Jīng:	Wǒ lái bànlǐ xìnyòngkǎ.
大卫:	你没有信用卡吗？
Dàwèi:	Nǐ méi yǒu xìnyòngkǎ ma?
赵晶:	不是, 我的旧信用卡到期了, 我来办理续卡.
Zhào Jīng:	Bú shì, wǒ de jiù xìnyòngkǎ dàoqī le, wǒ lái bànlǐ xù kǎ.
大卫:	这会儿人挺多, 我排队排了二十分钟了.
Dàwèi:	Zhè huìr rén tǐng duō, wǒ páiduì páile èrshi fēnzhōng le.
赵晶:	这个银行人总是这么多. 你知道今天的汇率是多少？
Zhào Jīng:	Zhège yínháng rén zǒngshì zhème duō. Nǐ zhīdào jīntiān de huìlǜ shì duōshǎo?
大卫:	看不清楚, 大概是一比八点二七六五 (1:8.2765)
Dàwèi:	Kàn bu qīngchu, dàgài shì yī bǐ bā dianr èr qī liù wǔ (1:8.2765)
赵晶:	你为什么不去黑市换人民币？那儿能多换一点儿.
Zhào Jīng:	Nǐ wèishénme bú qù hēishì huàn rénmínbì? Nàr néng duō huàn yìdiǎnr.
大卫:	我可不敢去黑市换, 如果换到假币, 那就傻了.
Dàwèi:	Wǒ kě bù gǎn qù hēishì huàn, rúguǒ huàndào jiǎbì, nà jiù shǎ le.
赵晶:	你说的对. 该你了！五号窗口没有人了, 我去五号.
Zhào Jīng:	Nǐ shuō de duì. Gāi nǐ le! Wǔ hào chuāngkǒu méiyǒu rén le, wǒ qù wǔ hào.
职员:	小姐, 您办什么？

Zhíyuán:	Xiǎojiě, nín bàn shénme?
赵晶:	我的旧信用卡到期了, 办续卡.
Zhào Jīng:	Wǒ de jiù xìnyòngkǎ dàoqī le, bàn xù kǎ.
职员:	对不起, 办信用卡在对面八号窗口.
Zhíyuán:	Duìbuqǐ, bàn xìnyòngkǎ zài duìmiàn bāhào chuāngkǒu.
赵晶:	我想问一下, 开储蓄账户是在这个窗口吗？
Zhào Jīng:	Wǒ xiǎng wèn yixià, kāi chǔxù zhànghù shì zài zhège chuāngkǒu ma?
职员:	对, 在这儿.
Zhíyuán:	Duì, zài zhèr.
赵晶:	好, 我先开一个外币账户, 存两千美元.
Zhào Jīng:	Hǎo, wǒ xiān kāi yíge wàibì zhànghù, cún liǎngqiān Měiyuán.
职员:	您的身份证. 要密码吗？
Zhíyuán:	Nín de shēnfènzhèng …… Yào mìmǎ ma?
赵晶:	要. 取钱的时候还用身份证吗？
Zhào Jīng:	Yào. Qǔqián de shíhou, hái yòng shēnfènzhèng ma?
职员:	不用.
Zhíyuán:	Bú yòng.
大卫:	赵晶, 你办完了吗？
Dàwèi:	Zhào Jīng, nǐ bànwán le ma?
赵晶:	办完了.
Zhào Jīng:	Bànwán le.
大卫:	你现在有时间吗？我请你喝咖啡.
Dàwèi:	Nǐ xiànzài yǒu shíjiān ma? Wǒ qǐng nǐ hē kāfēi.
赵晶:	好吧, 我们走.
Zhào Jīng:	Hǎo ba, wǒmen zǒu

Translation of dialogue

Zhao Jing:	Hey – you're David, aren't you?
David:	Aren't you Zhao Jing? It's more than a month since we met at Janet's place
Zhao Jing:	Yeah, time flies so fast! Have you come to take out some money?
David:	No, I've come to change [some dollars into] RMB. What have you come to do?
Zhao Jing:	I've come to sort out a credit card [lit. go through the formalities]
David:	Don't you have a credit card?
Zhao Jing:	Yes I do, but my old card has expired. I've come to renew it.
David:	There are such a lot of people at this time. I've been waiting in line for twenty minutes.
Zhao Jing:	There are always so many people in this bank. Do you know how much today's

	exchange rate is?
David:	I can't see [it] clearly; it's about 1 to 8.2765.
Zhao Jing:	Why don't you go to the black market to change [your dollars into] RMB? You can get a better rate there [lit. you can change more].
David:	I really don't dare go to the black market. I'd feel like a fool if I was given fake bills.
Zhao Jing:	You're right. Now it's your turn. There's no one in front of counter five; I''ll go there.
Bank clerk:	Can I help you, Miss?
Zhao Jing:	My credit card has expired; I want to renew it.
Bank clerk:	Sorry, the counter opposite is for credit cards.
Zhao Jing:	Let me just ask, is this the counter for opening a savings account?
Bank clerk:	Yes, it is.
Zhao Jing:	OK, I want to open a foreign currency savings account, and deposit $2000.
Bank clerk:	Your ID card, please. Do you want a PIN number?
Zhao Jing:	Yes, I do. Do I still need my ID card when I take money out?
Bank clerk:	No, you don't.
David:	Zhao Jing, have you finished?
Zhao Jing:	Yes, I have.
David:	Do you have time now? Let me invite you for coffee.
Zhao Jing:	OK. Let's go.

38.5. Communicative and Visualization activities

1. Vocabulary

Visualize and project the image of the words and phrases one by one on the screen, meanwhile feel the meaning of it.

自从	zìcóng	假币	jiǎbì
办 (理)	bàn (lǐ)	真币	zhēnbì
到期	dàoqī	外币	wàibì
续	xù	人民币	rénmínbì
清楚	qīngchu	汇率	huìlǜ
敢	gǎn	储蓄	chǔxù
傻	shǎ	存	cún
窗口	chuāngkǒu	密码	mìmǎ
取钱	qǔqián	必须	bìxū
存钱	cúnqián	信用卡	xìnyòngkǎ
换钱	huànqián	身份证	shēnfènzhèng
		开帐户	kāi zhànghù

2. Other communicative activities

(1 – Important structures)
- With the teacher, a short dialogue in which you suddenly meet an old friend by chance
- Now extend the dialogue, working in pairs (how long it is since you last saw each other, what you're doing now and where you're living and for how long, whether you're married now and have kids etc.)

- Make statements and ask questions with doubled verb + doubled 了 le, based on pictures

(2 – Money and money changing)
- Revise the names of the countries and their currencies, using a map of the world.
- Talk about exchange rates, and how much (say) $1000 is in RMB.
- A role play where one student is a bank teller and the others have come to the bank to do various things
- Now try saying other things would like to say when you go to the bank

38.6. Songs and games

- A team game which involves numbers
- A song using one of the structures in this lesson

LESSON 39   AT A WEDDING

39.1. Summary
Structures and functions

1. Using '多 Duō [adjective] 啊 a!'

2. Using '多么 Duōme [noun phrase] 啊 a!'

3. Using '没有 méiyǒu' + adjective for negative comparisons

4. Phrases with verb + '得了 de liǎo 不了 bù liǎo' (can can't …) – STYLE P5

5. Verbs + '上 shang' to express fulfilment

6. Topic + verb + '得 de' + adjective with adverbial meaning

7. Topic + verb + '得多 de duō' + adjective + '啊 a!' with adverbial meaning

8. Phrases with '像是 xiàngshì …'

9. Questions and answers with '要是 Yàoshì … 怎么办 zěnme bàn?'

Vocabulary

新郎	xīnláng	bridegroom
新娘	xīnniáng	bride
打扮	dǎbàn	to dress up; to make up
发型	fàxíng	hairstyle
迎接	yíngjiē	to (come to) meet
客人	kèrén	guest; visitor
大厅	dàtīng	hall(way)
心意	xīnyì	regard; consideration
剥	bāo	to peel; to shell; to unwrap
招待	zhāodài	to entertain
照顾	zhàogu	to take care of; to look after
旗袍	qípáo	qipao; cheongsam (Chinese traditional dress)
身材	shēncái	figure (body shape)
迷人	mírén	charming; enchanting
恋爱	liàn'ài	love; to love
经过	jīngguò	to undergo; to experience; a process
提	tí	to raise (a subject or question)
故意	gùyì	deliberately
逗	dòu	to tease
敬酒	jìngjiǔ	to propose/drink a toast
醉(了)	zuì(le)	drunk
到时候	dào shíhou	then

39.2. Warm-up

- Key language points from the last few lessons
- Say if you've ever been to a wedding in China, and what it was like
- Talk about your own wedding, and how you celebrated it (or how you would like to)

39.3. Intensive practice

1. Using '多 Duō [adjective] 啊 a!'

多漂亮啊！	Duō piàoliang a!	多讨厌啊！	Duō tǎoyàn a!
多明亮啊！	Duō míngliàng a!	多气人啊！	Duō qìrén a!
多宽敞啊！	Duō kuānchǎng a!	多麻烦啊！	Duō máfan a!
多暖和啊！	Duō nuānhuo a!	多没意思啊！	Duō méi yìsi a!

2. Using '多么 Duōme [noun phrase] 啊 a!'

多么美丽的风景啊！
Duōme měilì de fēngjǐng a!
多么可爱的孩子啊！
Duōme kě'ài de háizi a!
多么蓝的天啊！
Duōme lán de tiān a!
多么新鲜的空气啊！
Duōme xīnxiān de kōngqì a!
多么好的人啊！
Duōme hāo de rēn a!
多么好听的音乐啊！
Duōme hǎotīng de yīnyuè a!

3. Using '没有 méiyǒu' + adjective for negative comparisons

我没有她漂亮
Wǒ méiyǒu tā piàoliang
她没有我高
Tā méiyǒu wǒ gāo
中国的北方没有南方暖和
Zhōngguó de běifāng méiyǒu nánfāng nuǎnhuo
这儿的风景没有我家的风景美丽
Zhèr de fēngjǐng méiyǒu wǒ jiā de fēngjǐng měilì
她的身体没有以前好了
Tā de shēntǐ méiyǒu yǐqián hǎo le
这儿的菜没有开始的时候好吃了
Zhèr de cài méiyǒu kāishǐ de shíhou hǎochī le
我觉得中文没有英文好学

Wǒ juéde Zhōngwén méiyǒu Yīngwén hǎoxué

她没有小时候好玩儿了
Tā méiyǒu xiǎo shíhou hǎowánr le

苏珊没有雯迪网球打得 棒
Sūshān méiyǒu Wéndí wǎngqiú dǎde bàng

麦克没有大卫汉语说得 流利
Màikè méiyǒu Dàwèi Hànyǔ shuōde liúlì

我没有你车开得 快
Wǒ méiyǒu nǐ chē kāide kuài

雯迪没有苏珊歌唱得 好
Wéndí méiyǒu Sūshān gē chàngde hǎo

大卫没有麦克泳游得 快
Dàwèi méiyǒu Màikè yǒng yóude kuài

老李没有赵晶英语说得 棒
Lǎolǐ méiyǒu Zhào Jīng Yīngyǔ shuōde bàng

秋天没有春天风刮得 大
Qiūtiān méiyǒu chūntiān fēng guāde dà

北京没有东北雪下得 大
Běijīng méiyǒu Dōngběi xuě xiàde dà

4. Phrases with verb + '得了 de liǎo 不了 bù liǎo' (can can't ...) – STYLE P5

zuìdeliǎo   zuìbuliǎo
chīdeliǎo   chībuliǎo
wǎndeliǎo   wǎnbuliǎo
hǎodeliǎo   hǎobuliǎo
bāndeliǎo   bānbuliǎo

5. Verbs + '上 shang' to express fulfilment

xǐhuanshang
àishang
kànshang
mǎishang
xuǎnshang
yòngshang

6. Topic + verb + '得 de' + adjective with adverbial meaning

Teacher	Student
我, 骑车, 不好	我骑车骑得不好
wǒ, qíchē, bù hǎo	Wǒ qíchē qíde bù hǎo
她, 做菜, 不太好	她做菜做得不太好
tā, zuò cài, bú tài hǎo	Tā zuò cài zuòde bú tài hǎo
大卫, 说汉语, 很流利	大卫(说)汉语说得很流利
Dàwèi, Hànyǔ, hěn liúlì	Dàwèi (shuō) Hànyǔ shuōde hěn liúlì
老李, 开车, 很快	老李开车开得很快
Lǎo Lǐ, kāichē, hěn kuài	Lǎo Lǐ kāichē kāide hěn kuài
赵晶, 唱歌, 很好听	赵晶唱歌唱得很好听
Zhào Jīng, chànggē, hěn hǎotīng	Zhào Jīng chànggē chàngde hěn hǎotīng
苏珊, 打网球, 很棒	苏珊网球打得很棒
Sūshān, dǎ wǎngqiú, hěn bàng	Sushān wǎngqiú dǎde hěn bàng
麦克, 看报纸, 特别快	麦克报纸看得特别快
Màikè, kàn bàozhǐ, tèbié kuài	Màikè bàozhǐ kànde tèbié kuài
她, 工作, 不错	她工作做得不错
tā, gōngzuò, búcuò	Tā gōngzuò zuòde búcuò

7. Phrases with '像是 xiàngshì …'

Teacher	Student
你今天打扮得这么漂亮!	像是要去参加婚礼.
Nǐ jīntiān dǎbàn de zhème piàoliang!	Xiàngshì yào qù cānjiā hūnlǐ.
怎么突然刮风了	像是要下雨
Zěnme tūrán guāfēng le	Xiàngshì yào xiàyǔ
看你饿得这样子	像是好几天没吃东西
Kàn nǐ ède zhè yàngzi	Xiàngshì hǎo jǐ tiān méi chī dōngxi
看你高兴得这样子	像是中奖了
Kàn nǐ gāoxìng de zhè yàngzi	Xiàngshì zhòngjiǎng le
天气变得这么暖和	像是春天来了
Tiānqì biàn de zhème nuǎnhuo	Xiàngshì chūntiān lái le
那儿怎么有那么多人	像是有事情发生 (happen)
Nàr zěnme yǒu nàme duō rén	Xiàngshì yǒu shìqing fāshēng

8. Questions and answers with '要是 Yàoshì ... 怎么办 zěnme bàn?'

Teacher	Student A	Student B
新娘新郎醉了 xīnniáng xīnláng zuìle	要是新娘新郎醉了怎么办? Yàoshì xīnniáng xīnláng zuìle zěnme bàn?	没关系, 醉不了. Méiguānxi, zuìbuliǎo.
下雨 xiàyǔ	要是下雨怎么办? Yàoshì xiàyǔ zěnme bàn?	没关系, 下不了 Méiguānxi, xiàbuliǎo.
车坏了 chē huàile	要是车坏了怎么办? Yàoshì chē huàile zěnme bàn?	没关系, 坏不了 Méiguānxi, huàibuliǎo.
她来了 tā lái	要是她来了怎么办? Yàoshì tā láile zěnme bàn?	没关系, 来不了 Méiguānxi, láibuliǎo.
儿子病了 érzi bìngle	要是儿子病了怎么办? Yàoshì érzi bìngle zěnme bàn?	没关系, 病不了 Méiguānxi, bìngbuliǎo.
刮大风 guā dàfēng	要是刮大风怎么办? Yàoshì guā dàfēng zěnme bàn?	没关系, 刮不了 Méiguānxi, guābuliǎo.

9. Fluency checkpoint *(Say something about yourself or your country)*

Something you can do very well.
Something you can't do very well.
Something you can't do at all.
Something you can't do as well as [a friend].
Something [your friend] can't do as well as you.
Something that's bigger in your country than in China.
Something that's not as expensive in China as in your country.
Something that's not as good in your country as in China.
Something that's so annoying in China!
Something that's so beautiful in China!

39.4. Dialogue

邻居: Línjū:	赵晶, 你今天打扮得真漂亮, 像是要去参加婚礼. Zhào Jīng, nǐ jīntiān dǎbànde zhēn piàoliang, xiàngshì yào qù cānjiā hūnlǐ.
赵晶: Zhào Jīng:	我就是去参加朋友的婚礼. Wǒ jiù shì qù cānjiā péngyou de hūnlǐ.
新郎: Xīnláng:	你好, 赵晶! 你今天的发型真漂亮, 衣服也好看! Nǐ hǎo, Zhào Jīng! Nǐ jīntiān de fàxíng zhēn piàoliang, yīfu yě hǎokàn!

赵晶:	那也没有你新娘漂亮啊！这是我的一点儿心意，祝你们新婚快乐，早生贵子！
Zhào Jīng:	Nà yě méiyǒu nǐ xīnniáng piàoliang a! Zhè shì wǒde yìdiǎnr xīnyì, zhù nǐmen xīnhūn kuàilè, zǎo shēng guìzǐ!
新娘:	多谢，多谢！快快请吃糖.
Xīnniáng:	Duōxiè, duōxiè! Kuài kuài, qǐng chī táng.
赵晶:	喜糖我一定得吃，我得让新郎给我剥喜糖. 谢谢，你们快去招待别的客人吧，我会照顾自己的.
Zhào Jīng:	Xǐtáng wǒ yídìng děi chī, wǒ děi ràng xīnláng gěi wǒ bāo xǐtáng. Xièxiè, nǐmen kuài qù zhāodài biéde kèrén ba, wǒ huì zhàogù zìjǐ de.
安竹:	啊，赵晶，好久不见，你比以前更漂亮了！
Ānzhú:	A, Zhǎo Jīng, hǎo jiǔ bú jiàn, nǐ bǐ yǐqián gèng piàoliang le!
赵晶:	你也一样. 不过今天婚礼上最漂亮的当然是新娘了.
Zhào Jīng:	Nǐ yě yíyàng. Búguò jīntiān hūnlǐshang zuì piàoliang de dāngrán shì xīnniáng le.
安竹:	你说的对. 你看，她的红色旗袍多漂亮啊！她的身材又好，穿上真是太迷人了. 我要是男的，也得喜欢上她.
Anzhú:	Nǐ shuō de duì. Nǐ kàn, tāde hóngsè qípáo duō piàoliang a! Tā de shēncái yòu hǎo, chuānshang zhēn shì tài mírén le. Wǒ yàoshì nán de, yě děi xǐhuan shàng tā.
赵晶:	哎，现在婚礼开始了. 一会儿新郎新娘要讲他们的恋爱经过.
Zhào Jīng:	Ai, xiànzài hūnlǐ kāishǐ le. Yíhuìr xīnláng xīnniáng yào jiǎng tāmen de liàn'ài jīngguò.
安竹:	在这么多人面前讲恋爱经过？
Anzhú:	Zài zhème duō rén miànqián jiǎng liàn'ài jīngguò?
赵晶:	这时候大家可以故意给他们出难题，逗他们.
Zhào Jīng:	Zhèshíhou dàjiā kěyǐ gùyì gěi tāmen chū nántí, dòu tāmen.
安竹:	你们中国人的婚礼真有意思.
Anzhú:	Nǐmen Zhōngguó rén de hūnlǐ zhēn yǒuyìsi.
赵晶:	一会儿吃饭的时候，新郎新娘要来每个桌子给大家敬酒.
Zhào Jīng:	Yíhuìr chīfàn de shíhou, xīnláng xīnniáng yào lái měige zhuōzi gěi dàjiā jìngjiǔ.
安竹:	啊？这么多客人，要是新郎新娘醉了怎么办？
Ānzhú:	A? Zhème duō kèrén, yàoshì xīnláng xīnniáng zuìle zěnme bàn?
赵晶:	没关系，醉不了. 他们只喝一点儿.
Zhào Jīng:	Méiguānxi, zuìbuliǎo. Tāmen zhǐ hē yìdiǎnr.
安竹:	你什么时候结婚啊？
Ānzhú:	Nǐ shénme shíhou jiéhūn a?
赵晶:	快了. 大概今年下半年. 到时候我一定请你参加我的婚礼.

Zhào Jīng:	Kuàile. Dàgài jīnnián xiàbànnián. Dào shíhou wǒ yídìng qǐng nǐ cānjiā wǒ de hūnlǐ.
安竹:	我一定去.
Ānzhú:	Wǒ yídìng qù.

Translation of dialogue

Neighbor:	Hello Zhao Jing, you're dressed up beautifully today; you looks like you're going to a wedding.
Zhao Jing:	In fact, I am going to a friend's wedding.
Groom:	Hello, Zhao Jing! You look lovely, with your new hairstyle, and those beautiful clothes as well!
Zhao Jing:	Not as beautiful as your bride! Here's a very small consideration [present] for you. I wish you a happy marriage, and a baby very soon!
Groom:	Thank you very much! Come on, eat a candy, please!
Zhao Jing:	I must eat your wedding candy, and I must have the bridegroom unwrap it for me. Thanks. Come on, go and take care of the other guests; I can look after myself.
Anju:	Hey, Zhao Jing, long time no see! You're more beautiful than ever!
Zhao Jing:	So are you. Still, today the bride is absolutely the most beautiful lady at the wedding.
Anju:	You're right. Look, how beautiful her red Chinese dress is! And with her graceful figure, how charming she looks! I'd fall in love with her too if I were a man.
Zhao Jing:	Now the wedding's starting. Later on the bridegroom and bride will tell their love story in front of everyone.
Anju:	Tell their love story in front of so many people?
Zhao Jing:	Everyone can come up with some difficult (embarrassing) questions to tease them then.
Anju:	Your Chinese weddings are so amusing.
Zhao Jing:	Then the couple will come to each table to drink a toast with everybody.
Anju:	Really? Drink a toast with so many people – what if they get drunk?
Zhao Jing:	No problem, they won't [get drunk]. Because they'll only drink a very little.
Anju:	When are you getting married?
Zhao Jing:	Soon, probably just after June this year. I'll certainly [I promise to] invite you to my wedding.
Anju:	And I promise to come.

39.5. Communicative and Visualization activities

1. Vocabulary

Visualize and project the image of the words and phrases one by one on the screen, meanwhile feel the meaning of it.

新郎	xīnláng	提	tí
新娘	xīnniáng	故意	gùyì
打扮	dǎbàn	心意	xīnyì
发型	fàxíng	剥	bāo
迎接	yíngjiē	招待	zhāodài
客人	kèrén	照顾	zhàogu
大厅	dàtīng	逗	dòu
旗袍	qípáo	敬酒	jìngjiǔ
身材	shēncái	醉(了)	zuì(le)
迷人	mírén	到时候	dào shíhou
恋爱	liàn'ài		
经过	jīngguò		

2. Other communicative activities

(1 – Important structures)
- Make statements like 多难看啊! Duō nán kàn a! about pictures of extreme objects and people

- Now make negative comparisons about the same pictures
- Now, working in pairs, make comparisons with each other using
- Now make statements about things that people do well using pictures of people and actions
- Draw up a list of things you do well/fast/fluently and things that you don't do so well. Then report to the other students.

(2 – Weddings and other ceremonies)
- Describe what you can see in a picture of a Chinese wedding, and ask each other questions about it
- Imagine that you attended the same wedding as Zhào Jīng and Anzhú. Ask each other (in pairs) what you saw and what happened.
- Choose one student as the 新郎 xīnláng or 新娘 xīnniáng, and plan his or her wedding as a group

39.6. Songs and games

- A game using pairs of cards, to elicit negative comparisons
- A famous wedding song

TIPS FOR LEARNING CHINESE

The Principal rule to help you in learning Chinese

You need to let go any of the grammatical rules in your mother tongue or any languages you've already learned or known, make yourself completely open and ready to receive new rules.

Other suggestions that help you accelerate the speed of learning

- have a study plan (set your goal on what level/results you want to finish/achieve, and in how long time to achieve that goal), and bear it

- have a tutor to give you some lessons if you learn it for work and want to learn it much faster. Especially for introductory and beginner level students, it is recommended to have a teacher or tutor for your pronunciation no matter what study purpose you have (you can find a teacher or tutor by placing ads on the website)

- do the homework on the workbook

- find a language exchange partner with native speaking people if possible for those who have time to dispose (you can place ads on the website to find one)

- go to Chinese meet-up events near you to practice

- listen and learn to sing Chinese songs (each week a new Chinese song is taught on the blog.
  It's free)

- download MP3s and vocabulary, listen to them on bus, metro or in your car

- listen to Chinese radio before you fall asleep even though you don't understand yet, your subconscious mind starts to receive it, and it also creates a language environment for you

ABOUT AUTHORS

Helen Xinhui Zhu
MBA, cross-culture communication at Brighton University, NLP certificate training. Shamanic Healing Training

Owner of Learnwithuniversalmind.com, an educator and visionary practitioner who advocates and applies spiritual practices to language learning.
Founder and CEO of Chinese Horizon Mandarin ProfessionalTraining Ltd, the first multimedia Mandarin school. Author of 12 levels of Mandarin training materials and co-designer of dozens of online course wares for CH. She's taught in schools and has/had many distiniguished students in well-known companies and institutes, such as presidents, vice presidents and high-level managers from Volkswagen, Goldman Sachs, Glaxo Smith Kline, the wife of Norwegian ambassador to China, etc

Simon Buckland
BA in English language and literature from Oxford University, MSc in computer-based learning from Sussex University

Currently Senior Curriculum Adviser with Pearson Education International; responsible for global curriculum integration.
Curriculum director for Wall Street Institute (worldwide English schools). Author/designer of 20-level e-learning English courses. Expert in e-learning and computer-based learning. Author and designer of training materials for various leading British companies, such as British Telecom, Bank of England. Worked as an English teacher and director of studies in Europe, Middle East and Africa for the British Council in his early career

CHAKRA ILLUSTRATION

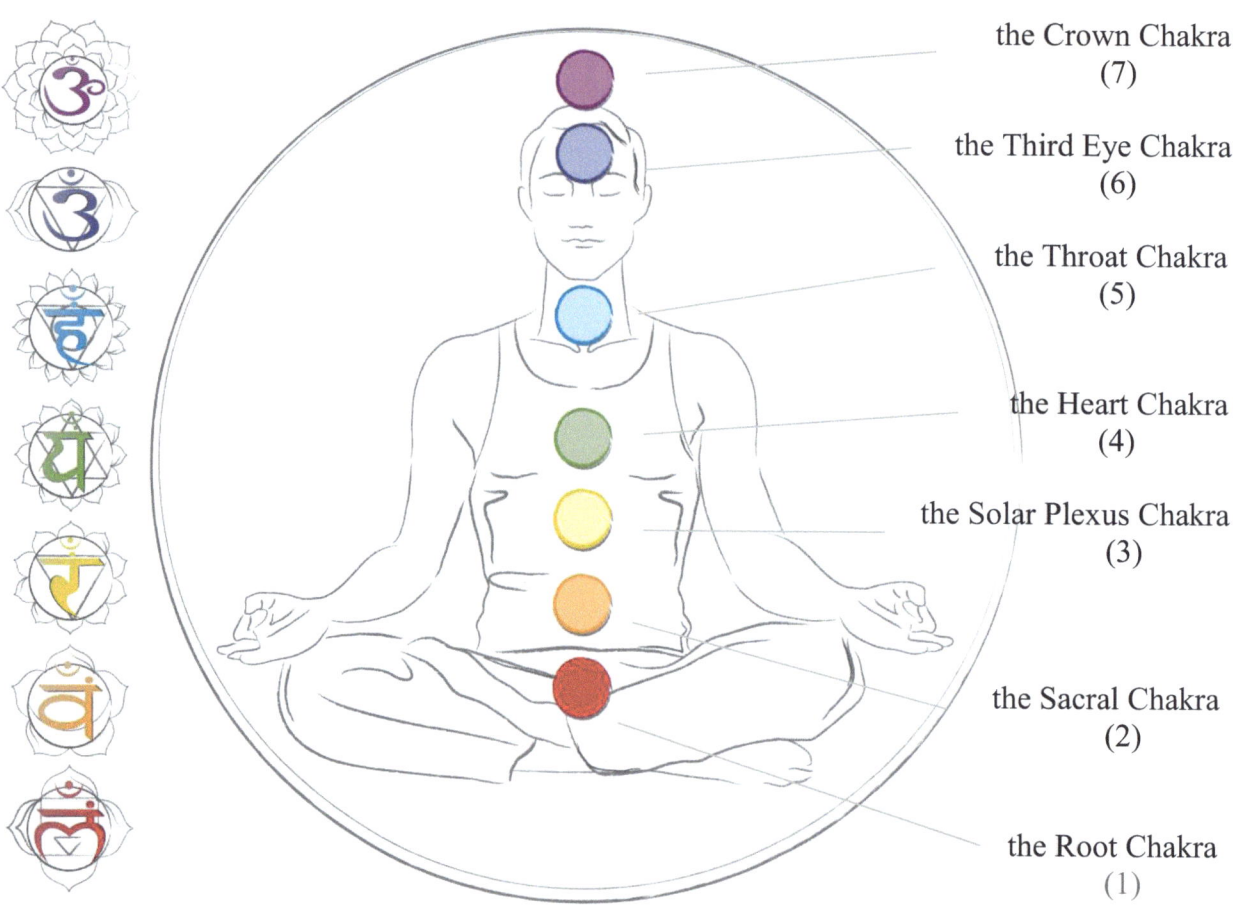

Note: Chakras are the main energy centers of the human body, through which the human body absorbs the cosmic energy from the universe. Within the human body, chakras connect to the points, nerves and meridians, nourishing different organs and glands.

www.ingramcontent.com/pod-product-compliance
Lightning Source LLC
Chambersburg PA
CBHW040911020526
44116CB00026B/25